U0616698

紹興大典 史部

光緒上虞縣志 7

中華書局

上虞縣志卷三十七

金石志

漢

永元磚　永元十一年

馮登府浙江磚錄長八寸厚一寸二分全磚文曰永元十一年中間泉文二兩面麻布文極細字近開道碑齊廢帝永元三年止前涼永元四年止此和帝紀元也出上虞○今藏王氏南津老屋

邯鄲湻曹娥碑　元嘉元年

後漢書列女傳元嘉元年縣長度尚改葬娥於江南道旁爲立碑焉水經注上虞縣有曹娥碑縣令度尚使甥邯鄲湻子禮爲碑文以彰孝烈寰宇記碑在越州之上虞水濱○石佚文載文徵

篇當作蕭

吴

蕭二將祠堂記　太元二年

將軍秦人也姓□□諱閭始皇東征□□弟閤同輔王

□□□東之越既□□□□溺於海將軍□□□鞭於

地而自□□化爲黄竹吾□□□此土以福斯□□□

以没已而□□□□□十圍長□□□□迨今猶存□

□□因名黄竹□□□□之廼共營小□□□□□火

於□□□□□澇之禱□□□□□□令是□□□□

□□大其□□□□焉□爲之記□□□元二年三月日□

□□陽興立

興地紀勝在縣東南十四里有斷碑云吳太元二年縣令濮陽興立錢玫金石志畧漢魏碑例不著撰書人名此碑但書濮陽興立亦漢魏舊例又嘉泰志稱吳斷碑今此碑中裂顯然與施宿所見正同越中金石目大帝太元二年三月立在箭山新黄竹祠○案額六字記十九行行八字俱行書現存八十三字

晉

太康磚　太康二年

馮登府浙江磚錄長四寸厚一寸二分文在上端曰太康二年側有書窻泉文同范甚多皆全磚出上虞○磚佚

王右軍曹娥碑　□□□年

舊府志曹娥廟舊有王右軍書小字本新定吳茂先嘗刻於廟中後爲好事者取去王澍翁林碑跋碑本絹書遒古勁健在諸小楷中別又一格昔人評此書謂如幼女漂流於波浪間殆不可曉觀其情思拂鬱骨遒韻促得孝娥哀號求父之意爲多

太平山碑銘　□□□年

萬歷志孫綽撰○石佚銘載文徵

西聎山斷碑　□□□年

謝敏行東山志西聎山巔有斷碑字畫模糊皆文靖所遺○石佚文無考

黃塚磚　□□□年

會稽十城志上虞縣東南有古塚二十餘處晉永嘉初湖水壞塚見塚磚上題字云居在本土厥姓黃卜葬於

此大富强易卦吉龜卦凶後人因號黄塚○
案此磚不詳時代今以晉時出土附錄於晉

南北朝

成功嶠摩崖 晉大元□年

舊府志世傳謝元破苻堅歸爲會稽内史縣人榮焉因共表其里門磨平石巖大書深刻其上○字佚

山居賦 宋□□年

萬歷志謝康樂撰○石佚

日門館碑 齊永明八年

日門館者東霞起暉開巖引燭以爲名也先是吴郡杜徵君聲高兩代德貫四區敎義宣流播乎數郡拓宇太

平之東結架菁山之北爰以此處幽奇別就基搆栖集

有道多歷年所

萬歷志陶宏景撰華陽本起錄陶宏景於永明庚午年東行浙越處處尋求靈異到太平山謁居士杜京產此其作碑之時也

唐

徐浩書經□□□年

嘉泰會稽志在夏蓋山石不存

銅山湖記元和二年

銅山湖記　　鄉貢進士張□□□

粤有銅山湖者卽我南陽菜侯□再榮之所建也□□
□□□□□□□左允癘邑人歉絕之餘我菜侯而
獨咍然所咍者蓋由心能遠□□□□旁觀衆餒之
輩而無宿備者矣遂謂鄉人曰没者已没存者須□□
□□□山之北谷嶺之陽左巒右隴之内仍有寶泉一
眼水涾涾而涌氣□□□□磨砂旋歐騰□汩汩無冬
無夏不溢不縮四顧平仰迴合堅貯實可以□□□哉
然君子所居必有隣焉德隣者誰與卽有下邳余鼎鄉
尹黄芝童雲□□人智計相亞皆以道同意合俱時響

應起元和二載歲次丁亥二月旬□□日下手築捺月纔半而功畢畢功之日清波溢岸汎冪冪之晴煙澄彎□□曙月植戶四十溉田三頃平深一丈已上周迴四百餘步可謂形穿鏡□□瀉虹覘鵁鶄弄影兮乙項鸕鷀竦翼兮倅鶩春藻未生瀉天形而淨盡□□纔息點星彩而無遺到疊山光則林花笑底翻鋪雲影則玉菜□心孰□□化由人澄虛在水既得東塘永固而南畝無憂汪洋雖小於鏡湖運智而□於　太守乃恐代之遷變從來者不知前之所能僕雖不才聊述湖主之□

而爲記之　奉贈

葉□郎新湖詩　余鼎

賞眺新湖趣澄漪寫物華探蘋經縑潊垂釣倚枯槎水動魚驚鳥風摇蛛□花宛然登輿處宜羡武陵家

同前　汪仲陽　平湖近闌干□□物色如今滿面新風擺野花香撲撲水澄絲柳影鱗鱗高低菡萏分紅蘂出没鵁鶄閙白蘋迴首更看南北岸不知何處不宜人　清河張太安鐫

越中金石目張西岳撰憲宗元和二年立在花礀莊葉氏後有余鼎汪仲陽詩○案碑高五尺廣三尺行書二十行行二十九字

沈府君墓誌銘　寶歷元年

唐故吳興沈府墓誌銘幷序　　進士胡不干撰

閑居大隱澤巨遺賢抗情居士浪跡逸民今我吳興沈君跡躅斯哲也公諱朝字憲忠父玖祖敬霅溪人也廿傳儒素章以潤身頃因避廿卜居上虞代歷星霜存沒榮耀莫之能紀也公雖不仕志隱旗亭不趍非類習古風渲素口開通廿財以益其業也公以天期不永梁木倏摧嬰以沈痼逾月不瘳以寶歷元年六月十七日終於私第春秋六十有三有子一人名曰良遇口會之服

習先典之書威儀堂〻藝在人上女有四人並有歸矣
公運不淑男有柴泣女慕娥號夫人張氏執喪盡哭毀
瘠盡哀孰謂禮有奪情喪有易祭擇先吉日龜筮叶從
以其年八月十日窆之於寶泉鄉額前子之村陑也嗚呼
人之云亡不可追矣歲月推遷難以記矣刋石勒銘迺
爲詞曰
寶泉㴲〻長流泉溪竹𢾾〻兮長噴煙風搖泉竹聲濺
〻不休不息常蓊然府君玄寢沉兹壖日來月往年復
年

巨唐寶歷元年歲次乙巳八月辛丑朔十日庚戌建立

茲銘故記 使主元 邑宰張

前試左內率府兵曹參軍左仇書幷勒字

新增磚廣一尺厚寸餘正書十九行光緒己丑秋漲時出土農人得之谿上今藏夏溪丁氏養園○案磚第一行題唐故吳興沈府墓誌銘府下當脫一君字唐字上似有一巨字漫漶不可盡辨世民字皆缺末筆蓋避太宗諱也

法界院碑 太和三年

寶慶會稽續志法界院有古斷碑寶歷元年掘石移基大和三年起門樓院宇云云○石佚文無考

葉處士逆修墓誌 開成四年

南陽菜公逆修墓誌銘幷序

鄉貢進士東海麋簡撰

□越州上虞縣寶泉鄉處士菜再榮南陽人也其先盛族以晉時過江郎□□睦郡烏龍山管壽昌縣仁風鄉大麻二年從宦下車自晉䢴越具載圖□□繁不書曾祖諱金祖諱銀皇考諱琫皆務本樂道林園避時高尚不仕□□八滎陽鄭氏環公之女也公娶童氏長五男四女長曰常倩次曰常□□□乂曰常邁曰浩然長女適童氏次女歸樓氏次女趙氏次女求氏□□□端直

居家孝慈名行衆推郡邑景仰謹身節用訓子業農智
自心生□□□巧歲獲地利日資天年造作改張成樹
邸店輕財好□崇善敬空□□□和親朋恭順每與食
以救飢餒解衣以濟單寒信義在躬謙讓行己□□所
貴知存亡得喪其唯聖人乎大雅美其有初有終乃爲
君子也遂得□□語妻孥曰人生必有滅有來必有往
吾欲逆修墓塋齋七身後无擾尔□□□□孥變色相
顧叶順無違以開成四年七月廿四日卜宅吉造選地
□□□鄉孝敬里新成村預造墳墓合祔並全先備夫

妻同穴之義□□□□□□吕年𦋽月葦日歸葬此原生
前有言誡諸子曰常倩等儉省□□□□□□□□奢
僭益後子孫莫惑交親宜守志行喪祭依禮无忤□□
□□□□□□□忘託麋秀才文字爲我銘云簡依命
牽拙其辭於後　□□亡兮其唯聖人　知得喪兮
固非凡身　成家基兮心□□□　□□□□□□爲
神　墳兮壟兮厚其塵　松兮栢兮無爲薪　□□□
□□□□　□□□□千萬春

越中金石目麋簡撰開成四年七月立刻於元和中銅
山湖記碑陰○案碑高五尺廣三尺行書二十行行二

十九
字
上福寺經幢開成五年　卽等慈寺經幢
□頂尊勝陁羅□□□　譙國奚虛已書
經文不錄　佛頂尊勝陁羅尼經　上福寺主僧元素
上座僧紹弘　都維那僧清溢　僧神亮　文則
德言　寶泉寺主僧清印　上座玄緒　都維那惟鏡
開成五季三月□□建　淨信弟子葉葬榮弁妻
童氏男五八倩春乂邁晧共立永充供養　同勾當經
院田八趙廣　樂遜　馬成程曇□□刻字

兩浙金石志奚虗已書不著於録字體疎朗宋歐陽文忠公隴岡阡表極似之錢玫金石志署元和姓纂奚姓載北海廣陵二郡望而不及譙國晉書嵇康傳其先姓奚會稽上虞人以避怨徙譙有嵇山家於其側因而命氏是奚姓本上虞望族康徙譙而改奚爲嵇則譙之有奚安知非嵇復改爲奚乎越中金石目開成五年三月立在縣治等慈寺南岸菜圃○案幢高六尺餘八面面廣九寸行書面八行行六十四字

五夫經幢　會昌三年

佛頂尊勝陁羅尼經序　河南万俟宗書

郢人程曇　河内司馬簡刻字　前太廟齋郎滕册

經文不録　佛頂尊勝陁羅尼經　會昌三年九月二十

七日建　邑宰王　丞方　□□□　尉嚴郭周　功

德主將仕佐郎前守宣州溧水縣尉劉阜弁妻楊四娘
男惟謙　功德主楊□弟竦弟信　勾當僧常雅　楊
尙□　蕭六娘　劉五娘　六娘　周艮　同建　嚴
璨　吳敬宗爲亡妣　錢文舉爲亡□太婆　徐華
趙□　劉文直　孫行復　虞濤　丁位 以上第一列
昔聖宋慶麻柒年太歲丁亥六月六日重新□□監造
□□□佛弟子陳□忠妻□廿三娘男□□□□合□
□□錢□□豎立永久不闕 下此十三行在第二列之一面
越中金石記幢爲万俟宗書唐人經幢字多可玩此刻
紀歷千載幸未蝕殘而紀載莫及幾有名氏翳如之歎

第二列頗漫漶僅有上柱國都尉等字可辨蓋皆唐人題名也○案幢在五夫虹橋南岸第一列高五尺餘八面正書面八行行六十四字第二列高四寸餘行字無攷正書大小不等

五大夫新橋記會昌三年

五大夫　內二所

新橋記　匡廬山野人余球述汝南周援書

□山嶽降靈非大聖無□開化適化所有非釋教無以導心於是會稽東不遠七十里有大澤曰虞江〻之東南廿里□草市粤五大夫在□山南面山則連環朝仰如君臣相挹有序冠綩□異人莫能測本因焦氏□□

於此孝感上聖而爲名焉故其地也聚天下之巨譽天下之貨市之南崗則德興村大雲寺置莊於茲市之北新江路〻通於市則黃山河古人以彴之將接行旅爲不滯之由緣不壯不麗危而且險或遊童牧豎登陟於此多悞斯墜墮以父母□弟□噫相仆爲巨所病時大雲寺僧常雅公本吳郡富春孫氏因宦□居金華焉上人少小聰慧知釋教之可歸丱歲從緇心若氷鏡戒全鵝窮阿難之妙音洞迦葉之微旨既見我皇帝乾元啓運布德□新遂乃發心慕緣造茲橋二所其橋上臨星

斗下跨洪流資萬世之妙因旌千秋之勝善時有前溧
水尉彭城劉公□阜發心造斯勝幢共議□□□南岸
用彰永福□□□□□太子嶽牧縣宰父□□僧十室
長幼資其□□使億劫著善爲行□□厲逃炎送餞賞
翫怡神者哉時　廉使李公仁風遠扇卧牧百城邑大
夫　王公術過烹鱻軫稀琴於棠樹　丞公簿尉諸公
有仇香之異能同梅眞□□化弁州縣職□□□□□□
「□□檀越□□□□□□□□□□□□□□□□□□
□　□□□□□□□□□□□□□□□□□九□建

□□張太安刻字
□□□□□年建此幢至五年八月奉勅毀寺其幢隨
例□□至大中郎位元年佛法□□至四年庚午歲秋
七月九□□□州溧水尉劉皐與當闗□□□等同慕
緣而再建立於□夫橋南□丹臒周圓伏慮代□□□
後人不曉遂尅金石聊□□□　廉使李　令常□
□　主簿羅　尉李　鄭　□□將鄭　勾當陳繼宗
馮招

越中金石記此刻嘉泰志云石不存寶慶續志云刻於
市中一石塔之下前志蓋未嘗見也然續志知有此記

而不載其文孔延之會稽掇英集詩文多由搜巖剔藪而得亦復見遺若金石家更從無著錄者余得是刻惜其間有殘缺○案刻高九寸廣一尺六面行書面十一行行九字跋正書十一行行十二字在五夫刻於經幢下截周援嘉泰志作周授誤

崧鎮經幢　大中三年

經文下闕　年發心造陀羅尼幢一隻五年奉　勅毀拆不錄至大中三年　皇帝再興下闕　郢人程曇　馬币下闕

錢攷金石志畧幢在崧鎮大橋康熙年間俞太守卿不知從何處移置今所越中金石記石已中折僅存下截一段宣宗復佛寺在大中元年此云三年再興者據重建時言之耳○案幢高三尺餘八面面廣六寸八行序行書經及後記俱正書刻已漫漶多不可識

重刻葉處士墓誌大中三年

南陽葉公逆修墓誌銘并序　鄉貢進士東海麋簡譔　故巫州刺史孫高師立書十字元刻無　淸河張太安鐫六字元刻無

越中金石記此誌與重刻銅山湖記一碑兩面刻之湖記末云大中三年八月十一日鐫記書匠同前所謂同前者即指此誌則亦大中三年所勒矣書者高師立題故巫州刺史孫攷巫州置於貞觀中廢復復至大歷五年改敘州嗣後無巫州之名其孫與大中年亦約畧相值以是知二碑雖重刻實仍在唐代無疑也惟造墓本在開成四年此作會昌元年較遲二載或有改期之事若歸葬在甲戌八月廿壬申日元碑既經添注此作咸通二年十月廿一鐫記日亦屬後來增加何以不合但咸通已下十字筆跡甚劣意必不通文義者見碑有空

格因效湖記某年月日鐫記之語妄爲添刻耳至元碑再榮曾祖名金而此云祖諱共曾祖之名審視初不成字殊不可解也○案碑高三尺餘廣二尺餘額篆書墓誌二字文正書二十行行二十七字誌文見前不錄

重刻銅山湖記　大中三年

銅山湖記　鄉貢進士張西岳撰

大中三年八月十一日鐫記書匠同前 十五字元刻無

越中金石記葉再榮墓誌高師立書張太安鐫此亦二人所製故云書匠同前余意當時重刻二碑者必元碑立於銅山湖此乃刻置於家葉氏相傳碑自明洪武中移至花𥔲莊本宅者蓋元碑也○案碑高三尺餘廣二尺餘額篆書湖記二字記正書二十二行行二十七字記文幷詩見前不錄

遺德廟經幢記

首行闕　前□宣州涇縣尉李下闕

漢明帝夢金人□□□□□□□□□□□□□□□

□□□□□□興□□□□□□□□歸心乃□□□

□□□□□□六根無□□□□□八□□□意□□

□□□□□永與俱入□□唐□□□□□□□□三

□□□□□□□□□□□□□□□□□皇帝施□

□□□□□審訛謬□□□□□□□□瑩淨□三寶

□立□四□□□十力□□□□□□□□□□□□

□□□□□□□□□□□□□□□竅及無爲□□

□□□□有五大夫草市□□□□拱信思者皇撫
州□□□与大淸信弟子方少通□□□□□斯道場
建造陁羅尼□續永□洎我皇昭諭當□□□□勑拆
毁自會昌五載□□□□□□未因再樹□□□□□
今有□信弟子方少通重新□□□□□□□□□□
□□□□□或濫□□舉首□□□□□心證無爲之
體助□□□□具列人名刋於貞石□□□□□□□
舊觀□□□□□□□□□悟佛□□□□□□□□
□□□蘩□□□□□□□永□不朽大中□□□□

清河張太安刻字

囗令常 鎮遏將鄭 丞蔣闕下 尉李 囗囗囗榮

廟祝闕下 功德主方少通 功德主錢師愿 張皐

方朝 刁亮 姚三娘 沈荘 嚴虔 曾五娘 二娘 嚴袞 徐雖 孫行思 黃制 姜宗訓 楊萬師 楊愛闕餘俱 在丁丑四月己巳朔初十日戊闕下

越中金石記此刻經已不存記文二方剝蝕太甚餘四方皆題名尤爲殘闕今擇其可辨者錄之以存唐代古蹟令尉諸姓與大夫橋記同蓋亦大中四年所刻其有云丁丑四月者丁丑爲大中十一年則後來又有續刻矣○案刻高九寸六面面廣一尺餘面十八行行十二字二面正書四面行字無考

寶蓋寺殘幢□□□年　郎塔嶺經幢

佛頂尊勝陁羅尼經　天水□□□書　清河張

太安闕下

經文不錄　觀察使李　縣令馬　丞蔣　主簿孫　尉

第伍　尉沈　尉馬　鎮將歐陽　耆壽徐闕下　氏

姚氏　弟西翰妻翁氏　西□妻□氏　西道　西□

孫惟□惟□　惟慶　惟師闕下　翁□三百　盧

□□百　盧成五百　宋女一千　童涓一千　呂南

五百　呂招五百闕下

萬歷志山川篇塔𡾊畔有斷碣刻梵文剝落不可讀越中金石記幢僅存上截年月已闕惟觀察使李及刻字之張太安與五夫橋幢同丞蔣與遺德廟幢同則亦大中間所立矣錢漢村云幢向在寶蓋寺後移塔嶺菴内今仍題舊名以資考證○案幢高三尺八面面廣八寸序行書經及題名正書面八行行存數字至三十餘字不等今移置尊經閣下石裂爲三段

琅琊王子琚墓誌　咸通三年

復齋碑錄李修撰陳郢行書咸通三年十一月立○石佚

國慶寺咒幢　□□□年

佛頂尊勝陁羅尼　經咒不錄

錢玫金石志畧石在東山國慶寺旁小石塔蓋座俱新裝置咒刻上層石質頗古越中金石記案嘉泰志國慶

寺爲唐中和四年建咸通九年賜額兹刻雖無年月然屬唐代無疑○案幢高七尺八面面廣四寸正書共四十七行行字不等

利濟侯廟記　□□□年

寶慶會稽續志唐人撰○石佚不詳姓氏

後唐

吳越浚舜井得寶物碑記　天成四年

十國春秋寶正三年閏月王命浚上虞縣舜井得讖記寶物及重華石等萬歷府志碑在上虞百官市○石佚

石晉

福祈禪院碑　天福四年

道上虞西北四十里福祈峯下舊傳吳赤烏閒僧純一師化其族李之所居爲伽藍號祈福院訖今鄉人尊稱一法華開山祖是有晉天福二年丁酉行滈師主茲山弟子無相自孫出也兄鎰鑑鎰以武職顯院橅偪仄倚山皆孫氏業相言於兄樂助形勝凡山之爲畝者三十又六地之爲畝者四東距院田南艘院阯上極其峭而高者維西下臨其呦而深者則北披蓁肆莽椒大阿羅漢殿猶神輸鬼運咸姹乎成之速復言於兄請諸朝四年已亥賜額福祈禪院順山名也嗚呼二師相去寥洞

肇基拓業若合符節世之稱士君子者或羣聚而訾浮
屠之說厥子肯堂肯播視相之舉爲何如純一師其有
傳矣行濬師其有後矣繼繼承承爲國祝釐永永無疆
而利益之及於檀施者其又有不可量議者矣猗歟休
哉余屬與行濬師游俾識初末垂示將來不得辭是年
臘月望日外友鎭海節度判官吳輿張孝先撰幷書

佳山行濬刻石　四明王仁鐫

越中金石目晉高祖天福四年十二月立在小越嘉福
寺○案碑高一尺餘廣五尺正書二十七行行十二字

宋

法果寺記 天聖二年

萬歷志天聖二年十一月沙門仲林記住持保珣立石東陽聖壽寺有交集王羲之書○石佚文無考

重修豐澤將軍廟記 天聖六年

寶慶會稽續志天聖六年齊唐作○石佚案萬歷志方石聖官廟碑即豐澤廟記也浙江通志作唐方石撰誤

重刻利濟侯廟記 慶歷四年

寶慶會稽續志慶歷甲申李晏如得唐人所撰利濟廟記重刻於石兵火其刻不存里人以紙本轉相傳授

等慈寺釋迦文佛像記 慶歷五年

浙江通志太常博士胡昉撰○石佚文無考

廣利侯廟記 熙甯□年

越中金石目華鎭撰
熙甯中立○石佚

封廣利侯勅幷廟記 熙甯十年

正統志熙甯丁巳三月二十七日趙抃記

越中金石記施某書闕某題額○石佚

劉氏義門碑額 元豐四年

敕賜旌表門閭幷記 篆書八字 徑四寸

越中金石記此宋劉承詔義門碑記額也嘉泰志載熙甯十年趙清獻公抃爲守得上虞縣劉承詔唐襄公德威之裔德威五世孫愉避黄巢亂自河南徙上虞至承詔十世聚族四百餘口內外無閒言畜犬化之一犬不至羣犬皆不食號孝義劉家清獻公歎異以其事聞於朝有詔旌表門閭復其繇役公爲之記今碑石已爲兩段一段連額高五尺八寸一段高二尺五寸皆廣四尺一寸額下絶無一字使當日礱石未刻則額不應先勒

意必後人利其碑石欲應他用磨去其字額字大刻深一時未能盡滅經有識者阻之僅得不毀耳宋史孝義傳紀義門凡數十家獨劉氏未載此史之疎漏也至額稱敕賜旌表門閭并記則上面必刻熙甯敕書惜志乘向未著錄惟清獻公記具載本集○石在縣東門外碑牌頭陳氏屋側文載文徵

重刻曹孝女碑 元祐八年

後漢會稽上虞孝女曹娥碑　上虞縣令度尚字博平　弟子邯鄲湻字子禮撰　蔡邕題其碑陰云黃絹幼婦　外孫韲臼文載文徵

宋元祐八年正月左朝請郎充龍圖閣待制知越州軍州事蔡卞重書

曹娥場大使河南孟津縣李恭命工刋補字畫覆以亭屋宣德九年六月壬子題

乾隆府志在曹娥廟兩浙金石志曹娥碑右軍小楷書唐李北海曾以行體書之世無傳本此蔡卞於元祐時重書應從北海原刻而出宋時猶及見眞本蔡卞書米元章嘗稱之此刻桀驁自喜而時露波磔王元美所謂有書筆無書意多參己意者要之不可以人廢也碑經明季重刻故末有李恭題字越中金石記春生按此碑拓本未行向多模糊僅辨上截數字余命工精搨得其全文始知明人間加搜剔故字畫精采稍損非重刻也

○案碑高五尺餘廣三尺餘行書十八行行三十字後有李恭題字一行三十一字

福聖院結界記 政和元年

會稽郡江北纂風鎮福聖院昔錢氏有吳越廣順元年

鄕宦蔣欽等狀乞以嚴可瑛所捨之地建堂屋三間以爲鄕衆焚修設齋植福之處仍請與福院省諲主之得旨依申以延壽爲額厥後徒侶旣衆舍宇漸增本朝祥符初天下寺觀例賜名額始易今號然雖堂殿完密像設嚴整而往世因循未嘗結界伽藍制度有所未備□城開元寺講僧履淵結生□□募道俗一萬人同修淨業化緣屆此人頗從之又觀院衆率多□學各尙稟修於是率論上下具疏展禮命予□□待結界法隨方立標區別於中外約量集衆檢校於和別唱相以告之秉

法以加之三相無差十緣斯具自從衆口口可舉而行攝僧護淨各有分齊上從標際下徹金輪無作神功住持常在故使龍天之所翼衛災刼不能漂焚口政和元年十月二十五日也餘杭靈芝蘭若釋元照記

行事儀式　此院剏建已來未嘗結界口戒壇經羯磨疏行三反重結第一反先結大界依僧祇不可分別聚落集僧法堂行法口寬標狹四向各取六十三口比丘元照秉羯磨比丘守頎唱相比丘彥琳答法第二反解前大界比丘彥琳秉羯磨比丘景觀答法第三反再

結大界比丘元照秉羯磨比丘清印唱相比丘彦琳答法次結淨地此院衆庫别房各有庖舍準四分本宗别結淨地比丘守願秉羯磨比丘景觀唱相比丘清印答法

攝僧界相　從此院外東南角石標外角旁籬外西下至籬角石標望西直下至石標旁籬外西下至曲角旁籬外南出至轉角旁籬外西下跨籬門過徹至西口角石標外角從此旁籬外隨屈曲北入跨水濱過復旁籬外北入至曲角跨籬門西下至轉角石標旁籬外北入徹至西北角石標外角從此旁籬外東上跨

籬門過至曲角旁籬外北入跨籬門過至轉角石標旁
籬外東上至轉角旁籬外南入至曲角屋柱循柱外轉
旁闐外稜東上至屋柱循柱外轉旁闐外稜南出至曲
角旁籬外東上徹至東北角石標外角從此旁籬外南
出至曲角旁籬外東上至轉角石標旁籬外南出至轉
角石標旁籬外西下至曲角石標望南直□□□頭石
標旁籬外西下至曲角石標旁籬外南出還至東南角
石標外角　攝食界相　此院今將東向厨屋三
間雜物閤兩間并諸僧□房內厨屋分齊處四向蔬園

果樹下並作淨地左右淨池各立石牌

□□□士胡舉母親陳氏一娘與家眷等施財立石僧

衆希□　仲賢　希□　□□　梵文　仲□　梵宣

仲才　□□　道因　□□　□□　□□　梵□

下闕　希湜　道□　仲祥　希用　希鑒　子槐

□□　□當結界下闕

賜紫下闕　講經論首座希□　住持沙門　希□下闕

□□陶揆刻

案碑高六尺廣二尺餘額篆書六字記行書二十二行行四十五字碑中裂在纂風福聖寺

朱娥祠記　政和四年

萬歷志江公亮撰○石佚

遊東山記　紹興七年

越中金石記王銍撰○石佚文載山川

定善寺記　淳熙七年

萬歷志淳熙庚子十月朝散大夫李知退撰○石佚文無考

夏蓋湖建二閘記　淳熙十二年

水利本末潭州左司理參軍厲居正撰權通判廣州軍州事褚意書并隸額○石佚

上虞縣修學記　淳熙十四年

紹興府上虞縣重修學記　奉直大夫新改差知饒州軍州兼管内勸農營田使賜紫金魚袋豐誼撰

從事郎新特差充福建路提點刑獄司幹辦公事潘友端書

文載學校

淳熙十四年六月日記　修職郎縣尉薛冦　修職郎主簿孟致中　承直郎縣丞王濤　奉議郎知縣主管勸農公事賜緋魚袋劉筥　前學長李晉明學長黄士表學諭李孟陽直學劉溫舒教諭劉昌朝司計貝艮臣立石　會稽陳師中刻

越中金石目在上虞縣學○案碑高九尺廣四尺餘額楷書紹興府上虞縣學修學記九字記二十一行題名六行俱正書

先賢祠碑記　□□□年

萬歷志李孝先撰○石佚文無考

清水閘碑記　嘉泰元年

萬歷志邑人孫應時記○石佚文載水利

等慈寺石塔題記　開禧三年

大宋國紹興府上虞縣□□□鏡泉里居住奉　三寶弟子□鎰謹施淨財就等慈禪寺□□石塔六所永鎮

佛刻仍保家眷如意吉祥者時大宋開禧三季歲次丁卯九月初十日釒口口恭爲祝延　聖壽無疆　南無毗婆尸佛　南無尸棄佛　南無毗舍浮佛　南無拘留孫佛　南無拘那含牟尼佛　南無迦葉佛　南無釋迦牟尼佛

越中金石記宋時所建六塔今祇存其一塔上石刻六方其二方惟首行佛頂尊勝字可辨餘皆漫漶矣○案刻高七寸餘廣六寸隸書六行行十二字又一方高廣同正書二行又二方高一尺餘廣九寸餘隸書七行

重建豐惠橋記　嘉定十七年

正統志煥章閣學士大中大夫提舉南宮鴻慶宮四明袁燮撰○石佚文載橋渡

九獅橋題字 嘉定七年

嘉定七年歲次甲戌二月初六日辛丑重修

越中金石目嘉定七年二月立在上虞縣治九獅橋○案刻高五尺餘廣九寸直行正書十七字

覛清亭賦 □□□年

萬歷志趙友直撰

○石佚賦載古蹟

寶慶御筆 紹定元年

朕親御路朝首興敎化士風所繫尤務作新比年以來

習尚澆漓文氣卑苶純厚典實視昔歉焉豈涵養之未

充抑薰陶之或闕咨爾訓迪之職毋拘内外之殊各究

乃心俾知所嚮矯偏適正崇雅黜浮使人皆君子之歸如古者賢才之盛副予至意惟爾之休

付三省□封　臣仰惟　皇帝陛下以聰明濬哲之資　嗣登　大寶　留神　典學　緝熙　光明　發諸　初政惟以　教化爲大務迺者　首御路朝　親灑　宸翰　念文風之萎苶則　思崇雅而黜浮　覘士習之澆漓則　欲矯偏而適正　大哉王言　坦然明白　口之琬琰　雲漢昭回其於　君師　範圍之責可謂盡矣鳶飛魚躍孰不興起　臣猥

以非材叨應邑寄祗承　綸綍與被　龍光謹摹勒于
石傳示無窮期與一邑之士恪遵　聖訓以無負　丁
寧告戒之意庶幾承　流宣　化之萬一云　紹定
元年七月日通直郎兩易知紹興府上虞縣主管勸農
公事　臣　趙希賢拜手稽首謹書
越中金石記理宗留意文藝當時有文章天子之目畢
氏續通鑑載寶慶二年二月諭知貢舉程珌等務審去
取而不及此詔是可以補史籍之闕者也○案碑高五
尺廣三尺額篆御書二字橫列陽文碑分二列上列詔
十行行十字下列跋三十三行行二十八字又
年月銜名一行俱正書向在縣學經匣攖石佚
遺德廟記紹定六年

原夫太極肇分三才定位佐圓方之化育廼自神祇保區宇之昌盉率由英傑是知人神一致幽顯殊途生則負業負才功名冠世殁則至靈至聖禍福及人代有可稱永存典祀而神周氏諱鵬舉字垂天東晉時會稽人姬氏分枝汝川啓祚軒裳襲慶冠蓋傳芳禀靈虬無匹之資挺天馬不覊之質文戈耀彩早符却日之能智劔騰光自淬決雲之利宏詞登第雄俊成名初宰上虞憂分百里布絲桐□政兼冰蘗之權民仰如神物資厚利歸朝龍闕出牧鴈門纔興廉袴之謠已顯孟珠之譽人

安俗阜歲稔時清繼隆竹帛之功迥播仁賢之美自後必思退讓志務幽閑俄辭建隼之榮遂厭利口之貴念昔會稽東上虞北曾遊漁浦湖遇春景韶光訪物外之靈蹤尋湖中之勝槩益見澄瀾湛湛分玉鏡之清光翠岫峩峩列雲屏之秀色松篁掩映花塢奇幽每資賞眺之情頗愜嬉遊之趣舟泛清灘車乘白駒全家忽隱於靈源闔境但驚其神化俄而潛通肹蠁迥布威靈升爲水府之僊超統陰司之職即時聞奏丹陛肇建嚴祠敬之者福必生焉犯之者禍當立至牲牢互進籩豆交陳

遠近居民無不畏憚漁浦湖後改名白馬湖餘姚縣圖經載周氏乘白駒沉漁浦湖事標史冊時有明州天童寺僧曇德禪師道高康會德重圖澄感太白之眞星下爲童子乘菩提之果位即告歸天其院因此立名天童寺禪師聞神血食生人由是特垂慈力俾歸正覺徑造靈祠禪定身心結跏趺坐神顯靈通萬狀變現無方禪師寂若無人湛然不動神乃尋知悔過忽現眞身與三夫人禮拜歸依受五戒三皈之法祭奠不茹葷血廟廷願託祗園明州天童寺記范的撰云有名宿曇師縉雲至而時聞會稽白□□□□人命公往以慈力□□□□□味歸化彼土事跡存焉昔本在湖壖地形窄隘鄉

人孔澤趙瑗以□□非立伽藍之所謁誠祈□咸願遷
移啓告□終狂飈忽起朱紱飛停之處香爐飄落之中
民乃上聞於官敷奏乎帝續降勑命建置殿宇精崇梵
刹安處祠堂院與廟名咸爲利濟會昌五年天下廟廷
例行停廢惟此廟宇獨與重存後佛教重興一切仍舊
春秋祭祀不茹葷血牲牢惟只蔬素香燭勾當僧惟省
檀越孔澤等與衆刊石立碑并繪塑像三十二身其碑
元有二廳一在利濟院一在五夫廟內於雍熙三年丙
戌歲上虞知縣仲贊善差人□□□移入本縣於碑陰
上刊縣記其利濟院內者損折在本院佛殿□池內今
塡池作經臺巷是也其五夫廟內者船載到曹娥江中
溺於深處今並　民間祈求應若答響入廟封爲利濟侯
不得而見矣

乃大唐天寶二年後兮香火於五夫鎭又建立祠宇與其神像至大宋祥符三年改院名法界續降朝旨取責本廟供申既去又准勑命仰嚴潔致祭禁樵採觸毀并印給圖經在上虞縣春秋致祭焉可謂奉天之令安國之禧咸叶庶氓乃爲讚曰　神道性兮杳冥人神應兮有靈稟一生兮丈夫□□□兮留名威光□兮赫□劔□上□□星仰如在□□□□□□□□爇香火兮不□□□□□□利濟侯因天□□□□□□□

右　五世□□□□□　晏如慶□□□

甲□□□所作後一百九十歲實□定六年癸巳四月

五□□朝請郎新通判温州軍州兼管内勸農事賜緋

魚袋李知先謹書而刻之石　姚江馬信同男謙刊

乾隆府志在五夫鎮利濟侯廟紹定六年癸巳四月立正書横列刻書撰人名俱缺錢玫金石志畧注引餘姚圖經緣長慶初上虞併入餘姚故也越中金石記今所傳者僅百八十餘字經地志大加删减無復舊觀惜知先當日不并唐記而勒之也跋中晏如二字皆缺末筆又知先爲莊簡公光之孫直寳謨閣孟傳之子故碑文光字傳字亦缺末筆其讓字缺筆者避濮安懿王名鵬舉二字缺筆者則以神諱故也神諱缺筆亦此碑僅見○案碑高五尺餘廣三尺餘分四列每列正書二十一行行十二字記中附有夾注

白馬湖約束碑　嘉熙元年

水利本末儒林郎監潭州南嶽廟陳謙記立石五夫長慶寺○今佚此碑即陳謙水利記載水利夏蓋湖

淨衆教寺記　淳祐十二年

萬歷志湻祐壬子五月既望
劉英發撰○石佚文無考

上虞縣進士題名殘碑□□□年

前闕趙汎夫　趙彥鈕　趙彥鎧　趙汝谿　紹定二
年黃□□　趙希□　特奏名　杜夢□　張
師□　五年徐□□□　梁大□　李衢　特
奏名　莊騏　高不愳　□□□年吳叔告榜
趙汝謣　□煋祖　□□□年周坦榜　趙崇
檟　孫逢辰後闕在上一列　前闕□□元年姚勉榜
趙艮□下十二行闕　特奏名　李以秉　武舉特

奏第二名　杜夢與　趙崇溢　寶祐六年

宗學奏名後闕　在下一列

越中金石目年月闕在上虞縣學○案碑高二尺餘廣三尺餘分上下列上列存趙汎夫以下十五人前後俱闕下列存趙良□四人中闕十二行前後亦闕向在縣學今佚

李莊簡家訓碑□□□年

莊簡李公家訓

少年欲勵志操□□□□□□□當以儉素勝之不□□□□□人之居處華潔過□□□□□房窈窕則思顏氏陋巷□□□□之盛饌甘脆肥濃則思□□

□□飲水之樂見人之佩服□□□□珠玉之珍則思子路□□□□□□若能置吾言於座右□□

越中金石記攷公墓在餘姚之姜山是碑當日其家或立於墓所或置於墳寺莊簡所請墳寺爲姜山之淨廠寍院敕賜靜凝教忠寺額後穨圮乃遷委姜山土穀祠内爾○案碑高三尺餘廣二尺餘正書十二行行十三字

明因寺碑記　咸湻六年

萬歷志孫嘉撰○石佚文載寺觀

元

長慶寺鐘識至元二十年

勑長慶寺　切見本寺創建有年洪鍾廢久今□□□重鑄幸獲圓成專爲上祝皇恩下祈檀度山門平靜海涘均安佛日長明法輪常轉袈裟堅固道業精修二六時中吉祥加被者　太歲癸未六月初二日　幹緣守禮薰沐拜書　同幹緣信人張覺□　張覺名　何覺原　本鎮大使歐陽寛同妻唐氏助鈔六十貫已上一方徐定華　任得辰　徐福　梁伯循　沈叔莊　聂仲文　董李和　董李文　孫宗順　徐惟正　盛福員

李子用　李用張　張拱辰　已上各助鈔十貫

嚴均用　助鈔五十貫　楊觀　助鈔三十貫　李三

助銀三斤　徐仲彬　助二十五貫　徐可祥　徐

伯祥　孫季初　各助鈔一十五貫　胡齊延　助二

十貫　陳各福　助二十三貫　蔣倫付　助同十斤

謝守中同妻布鈔助緣　俞用和同妻谷銀銅助緣

嚴友四娘　章祿三娘　各谷一石　潘安辰妻丁

氏　助銅一十斤　褚宗海　吳文中　各谷一石五

斗已上一方

□文盛　助谷六石　尹儒榮　助谷六石　□□中

助谷五石　潘伯奇　助谷二石　杜惟學同妻

助谷二石　潘宗紀　助谷六石　周文昭　周尚文

各助谷二石　杜惟貞同妻　助谷二石　蔣弘道

助谷二石　杜祥　助谷□石　嚴孟弘　助谷二

石　尹太□同妻　助銅十斤　金□和　鄭子原

各助銅十斤　□□□　助銅五十斤闕三行　二石

許□□　□□　各助銅十斤　張氏妙貞　周氏妙

本　各助谷二石已上一方

蔣弘四娘　助谷一石　胡眞一娘　雇氏妙善　章氏妙貞　宋青一娘　各鈔一十貫　楊氏妙遵　徐氏妙辛　蔣氏妙貟　各布一疋　杜氏玉得　助谷一石五斗　黃氏妙貞　夏氏妙音　陸氏得和　葉氏妙淸　章佑三娘　各助谷一石　吳氏妙善　李如一娘　應氏妙善　王祀一娘　各助谷二石　張尹成　助谷一石五斗　徐方貟　夏均禮　楊菊□丑時　章景延　陳彥得　□□　徐艮玉　徐景艮徐叔剛　范榮茂　已上各助谷□石已上一方俱第一列

何信英　助銅六十斤　何賓莊　何金鉉　何玉鉉

各助銅一百斤　何尹升　助銅三十斤　何一鵬

助銅五十斤　何誠鈺　助銅六十斤　何大祥

助銅二十斤　何簡華　眞益　簡恭　福壽　阿祥

友敬　璥如　各助谷二石　喻氏惟儀　何氏□

□　胡匆一娘　各助谷□□　方尚一娘　金氏妙

眞　各銅□□已上一方

本寺助緣比丘　道訓　志闇　兖恭　道泰　弘暢

惠翊　梵儀　德暜　各助五十貫　一原　行鎡

各助二十貫　弥顯　善治　各助一十貫　等慈
寺辰壽　助二十貫　樂善寺文冏　化助銅二十斤
嘉福寺惟勤　助谷二石　正覺寺汝昂　立猷
共銅五十斤　淨泉寺道慰　妙鼎助緣　顧可恕
嚴子名　各助十石　郁敬宗　褚宗原　吳仁禮
顧覺名　施招付　趙弘三　佘氏妙名　汪氏妙貞
褚宗正　李秀一娘　徐世榮已上一方
謝得常　倪景良　黃叔立　徐宗原　各助谷五石
徐伯常　助谷三石　徐彥道　胡貞良　黃仲祥

黄尚得　李林　徐得辰　孔子華　孔廷輔　已

上各助谷二石　於道泰　助銅二十五斤　陳氏淑

三娘　張氏延一娘　胡氏妙盂　各助銅二十斤

杜氏若林　助銅一十□斤　徐氏妙廉　徐氏□□

婁氏昌三娘　嚴氏□□　嚴氏妙成　□□□□

黎景三娘　各字闕數　陳可尚　虞□□　吴暉

景暘　各助銅□□斤已上一方

心經不錄　王付成　虞恩仁　潘經　虞氏　厲拱

虞氏　各助谷一石　于中三同妻□氏已上一方俱第二列

皇帝萬萬歲　南無阿弥陀佛　南無觀世音菩薩

南無大勢智菩薩（已上四方俱第三列）

越中金石記按嘉泰志長慶寺唐咸通二年建名永壽寺宋大中祥符元年改賜今額萬歷志已入廢寺中今鐘在縣署鼓樓者蓋廢後所移也太歲癸未元世祖至元二十年時距宋亡僅七載豈遺民不忘故國故書甲子而不紀年代歟○案鐘識分三截下截第一列七十六行中截第二列六十九行内心經十八行上截第三列四行俱正書鐘向在縣署前譙樓今燬

道愛堂記　至元二十五年

正統志陳自立撰○石佚文載古蹟

重建思賢橋記　至元三十年

正統志余應璜撰
○石佚文載橋渡

明德觀記大德四年

正統志句章任
士林撰○石佚

重修旌教寺記大德□年

正統志韓明
善撰○石佚

福仙禪院記大德七年

上虞縣蘭穹山福僊禪院記

會稽山配岱宗凡峯□□隆𥠖是郡者皆勝絶虞蘭芎

其一也大德七□□余以庶□在官讀書古虞氏之邦

有僧克文以狀來謁曰蘭芎山福僊院住持□□蘭芎□縣□西廿里夏蓋湖之南坐殿大海西亞曹娥洪濤之風蓋自天姥□洲臂横□直溝斷□伏而來南爲百樓山北爲羅巖將直趍海而窮遂爲嵌巖方特之勢□□壤□□□□而尊厲尤甚是爲葛仙翁修煉之地石井丹竈存焉今爲福仙□□□□□□□菴爲寺始也兩杉童童直山門之陽如塔峙立鬱然古意經唐宋風雪物□□□□□順與其徒如杲志和始改作法堂山門若干楹至元廿一年秋也大德五年□□□乙

亥克文捐衣資之直且以其道惠夫人之肯施者重搬佛殿□精駿□□□□若齋庖廊廡方丈之居以次修舉院始完矣然自咸通迄無金□□紀□□□□乎余謂山川偉特之觀僻在江陬海表而使□虛寂滅者坐以鎮□□□□仙□□跡驚動惟異夫亦智巧之所營而善察幽勝□□□必錄如來□□識心見性□□其道簡直且易行也人心捹著之故多而禍福之□隽故人趍之也衆而智力猥附□碧之觀求□不成然百工之事具而衣食者迭資焉分田刼假之有常入而

農者盡□此其敎□□不替乃式至於今也余固嘉文

師之不怠事食且樂兹山之勝遂爲之書歲癸卯□□

望句章程士林記集賢直學士朝列大夫行江浙等處

儒學提舉吳興趙孟頫書□□翰林文字徵事郎同知

制誥兼國史院編修官聊城周馳篆額　大德七年

冬十有二月朔建　住持普德明辯大師克文立石

錢攷金石志畧趙孟頫任叔實墓誌云余十年前至杭

故人大梁張君錫以上虞蘭穹山寺碑求余書讀一再

過曰嘻世固不乏人斯文也其可以今人少之哉蓋深

相傾挹者即此碑也越中金石記按記載松鄉集中無

大異惟與其徒如杲志和七字在次行克文之下則二

人乃克文徒而非道順徒然石爲克文所自立不應有

誤自當從碑爲正○案碑高五尺餘廣二尺餘額篆書上虞縣蘭穹山福僊禪院之記十二字文正書十八行行三十三字在蘭芎山福仙寺

上虞縣曹娥驛記大德七年

越中金石目任士林撰文見松鄉集○石佚

悅茂堂記□□□年

萬歷志虞集撰○石佚

重建崇福蘭若記延祐四年

正統志許明奎撰○石佚文不錄

重修上虞縣學記泰定二年

重修上虞縣儒學記　紹興路上虞縣儒學教諭戴

俞撰　將仕郎紹興路餘姚州判官方君玉書

承事郎台州路同知黄巖州事鄭僖篆額　文載學校不錄

儒職　等立石　會稽趙艮魁鐫　直學趙慶老

司吏貝克勤

越中金石目泰定二年十二月立在縣學刻於宋淳熙中修學記碑陰○案碑高廣與修學記一式額篆書重修上虞縣儒學記八字記二十三行行四十二字記前題名三行共四十四字俱行書碑文今蝕四十六字

慶善寺環翠樓記　天歷□年

萬歷志方九思撰

○石佚文載寺觀

建蓮峯聖壽寺記　元統二年

正統志待制揭徯斯撰○石佚文載寺觀

重修曹娥廟記　重紀至元二年

正統志安陽韓性明善撰○石佚

李縣尹去思碑　至正□年

正統志會稽縣尹夏日孜撰幷書立石縣門左○今佚

金罍井記　至正七年

萬歷志余元老撰○石佚文載古蹟

重建上乘寺記　至正七年

重建鳳山上乘寺記　　四明胡瑛模鐫

將仕郎兩浙都轉運鹽使司長山塲鹽司丞胡長孺撰

太中大夫祕書卿泰不華書并篆額

佛法行江左至東晉始盛元帝時卽山爲寺有鳳飛之祥故封其山曰鳳山唐代宗時有嘉猷禪師居之道行峻特聲聞於朝錫名休光大善道塲宣宗大中五年僧道全號三白撤舊更新寺益弘大至懿宗易名大興善院錢氏之王吳越吳僧法眞慕嘉猷之道遶塔作禮越人異之因請居是山講說經論逾千萬言涅槃冣善故

世稱爲涅槃和尙弟子受度者凡十八人上乘起東晉至今千餘年前有嘉猷後有涅槃敎法演迤彌久弗絶世之言高德者則必稽焉宋治平三年改賜今額至元廿九年寺燬於火仁育師既居眞應不忘本始與法孫自然始爲寶殿前淮安路萬戶楊思諒感師誠懇率其家人作佛諸天像莊嚴崇飾事與殿稱然後說法之堂棲僧之室法藏齋廬以次具舉皆師力也而觀音有殿香積有廚則僧正倫擇朋實爲之師又念寺成而無以爲養益市土田若干畮山樵圃蔬所須畢給齋魚飯鼓大

衆咸會人謂師所樹立視唐三白師殆過之矣余嘗觀世之人凡所興作竭筋力踰歲時僅克有成而浮圖寺廟徧天下瓦礫之區榛棘之塲俄而棟宇丹碧飛動照耀若有鬼神翼而相之者果何道致然耶蓋其道以佛爲祖以法爲宗不有其家故無事育之累不私其身故無奉養之費不混於齊民故無畊鑿之勞不領於有司故無賦役之迫專志一力攻苦茹淡矢心自誓期以歲月旬時堅如金石可信如契券宜其成之易也雖然蓋亦繫乎其人焉師才敏而志勤能力興是寺又推其餘

治眞應以待四方來者其至如歸莫不意滿是皆可書
也書之所以示後人無忘師之志焉爾　至正七年
龍集丁亥八月旦日建　眞應住山釋妙境　三
山比丘衆普潤　道腴　彌邵　彌□　行簡　元凱
□椿　普照　明生　本慈　季良　普香　梵音
若琛　永輿　季顒　居皓　智湛　必弘　得□
似□　德孺　祖琇　允恭　居敬　至理　智印
眞逸　廣讚　玄朗　仁讓　泰道　友益　瑞彪
淨行　和雅　珎異　祖蔭　仁智　士衡　清蘊

福勝　惟炯　可繼　紹瞿　弘徽　達玄　具戒
天祚　普瑞　善溶　大雷　法悟　性瑩　克俊
思永　光遠　才微　德森　福祐　總持　寶意
妙炯　若時　弘妙　法雲　似瓛　孚裕等立石

越中金石記按胡汲仲元史本傳云延祐元年轉兩浙都轉運鹽使司長山場鹽司丞階將仕郎未上以病辭不復仕隱杭之虎林山以終其歷官與題銜合但傳載汲仲咸淳中入蜀銓試第一名授迪功郎監重慶府酒務俄用制置使朱禩孫之辟兼總領湖廣軍馬錢糧所僉廳又稱卒年七十五若此記作於至正七年溯至咸淳九年已七十五歲其時不合殆撰記在先閱數十年始勒石歟史又稱汲仲爲辭章海內來求者如購拱璧苟非其人雖一金易一字毅然不與今仁育能得其文亦非常僧矣眞應蓋虞邑寺名地志無攷○案碑高九

尺廣四尺餘額篆書重建鳳山上乘寺記八字記十七行行四十四字題名七行俱正書在鳳山上乘寺碑甚殘裂不堪摹搨

三忠祠記 □□年

嘉慶志祠祀篇尹張垕撰○石佚文無考

重建海隄水閘 至正十年

水利本末夏泰亨撰弁書泰不華篆額石立本縣儀門○今佚文載水利

重建明倫堂記 至正十四年

上虞縣學重建明倫堂記

將仕佐郎建寍路政和縣下闕 賜同進士出身將仕郎

紹興路諸暨（下闕）　崇文太監嘉議大夫兼撿校書（下闕）

文載

學校

監造縣吏徐仕榮　學吏貝珎　四明胡瑛刻

越中金石記按碑撰文書篆人名皆闕攷夏泰亨上虞海隄水閘記（在至正十年載陳恬上虞水利本末）署將仕佐郎建寍路政和縣主簿與碑正合則文當爲泰亨撰至書碑者余攷爲許汝霖篆額者爲周伯琦嵊縣志載汝霖至正十一年進士初授諸暨州判官黃晉卿紹興路修學碑（在至正十五年）稱諸暨判官許汝霖實督其事是可据也秀水祥符寺碑是年五月立亦伯琦篆額題銜曰崇文太監嘉議大夫兼撿校書籍事與此正同○案碑高八尺廣四尺記十六行行三十六字記前題名三行後一行俱正書在縣學

上虞縣覈田記　至正十九年

越中金石目貢師泰撰

文見玩齋集○石佚

湖田詩石刻　至正十九年

水利本末湖田詩五章天台劉仁本撰後附鄱陽朱右跋○石佚

復夏蓋湖記　至正十九年

水利本末宣城貢師泰撰新安程文書鄱陽周伯琦篆額五鄉士民劉和等立石在橫塘善經堂○今佚文載水利

碑陰圖跋　至正二十年

水利本末番陽徐勉之跋并書東魯申屠駉題額○石佚跋載水利

隱士徐瑞卿墓誌銘　□□□年

新增括蒼王廉撰貢
師泰書周伯琦篆額

白馬湖實田鈞糧記　至正二十一年

水利本末西安縣尹張守正撰
立石橫塘○今佚文載水利

築海隄碑記　至正二十三年

萬歷志劉仁
本撰○石佚

上虞縣築城記　至正二十四年

正統志汪文景撰
○石佚文載城池

銅漏銘　至正二十五年

天池壺　受水壺　徐仲裕刻

江浙行樞密院分治上虞新城至正乙巳夏五月戊午

乃鑄刻漏譙晨昏之節目皆號令器雖微而政之所關

則大矣宜有銘目志亾之所始銘曰　立表下漏軍府

之經昭示大信無爽晦明天運有恆水流不息盈虛升

降茲器維則人眾耳目視旹興居小大奉令目無或渝

匪器弗渝維出乎公施政若斯孰敢不从江浙儒學副

提舉揚彝撰并書　慶元路儒學錄臧居敬製

上虞縣尹王芳　都事朱元章　斷事官王若毅

龍霖　畾子恭　經歷鄭珩　毛永　伯帖穆爾

同僉樞密院事張子元　樞密院副使張啟原

方永　知樞密院事方國珉

潛研堂金石文跋尾楊彝篆書有法度其書姓从手旁蓋取漢書揚雄傳也上虞立行樞密院不見於元史殆明初史臣惡其僭越畧而不言歟錢玫金石志畧銅漏在縣庫一天池壺一受水壺天池壺四方上廣下狹高今工部營造尺一尺六寸强上口徑方八尺底徑方六尺六寸一面近底一正中有小口口去底一寸長七分徑圓一寸六分肉厚一分强壺身四面肉厚二三四分不等底厚約三分去上口寸許正中雙鉤篆天池壺三字直書徑二寸四分與近底小口同一面受水壺壺身長而圓高工部尺二尺四寸徑圓三尺一寸强近底亦有小口口去底一寸强橫長一寸三分徑圓五寸肉厚一分强壺身肉厚三分底厚約三分去上口寸許正中亦雙鉤篆受水壺三字直書徑與天池壺同稍下篆文序銘題名俱與近底小口同一面越中金石記按元明間

同時有兩楊彝一錢塘人字彥常杭州府志云登進士第官至翰林學士以詩古文見重於臺閣工篆隸眞楷張雨素負詞翰名然自以爲不及四明李仕開饒於貲彝與會稽胡舜咨金華戴叔能曹南吳主一豫章揭伯防先後遊四明仕開招致賓客俾諸子問業焉一餘姚人字宗彝明詩綜云洪武中以人才舉爲沔陽倉副使遷都察院司獄調長泰主簿以獻詩擢吏部考功主事紹興府志云彝別號銀塘生乘牛出入四明洞天遇風景林壑之美郎題詩於上墨光動盪趙謙不喜時彥詩讀彝所寄撫几朗誦不能罷是二人皆夙以文詞著稱但彥常兼以善篆隸名宗彝不聞其工篆且亦不言仕於元世似當屬彥常爲是至正鄞縣重修儒學碑亦楊彝書題銜與此刻同其署籍貫則曰淛河較以杭州爲近惟彥常嘗官翰林學士何以此題儒學副提舉豈杭志所書有誤抑或有謫降之事而志不及詳歟○案刻一高一尺廣三寸直行雙鉤天水壺三字一高二尺餘廣二尺上列直行雙鉤受水壺三字下列二十一行行十三字俱篆書向在縣署今燬

泳澤書院碑記 至正二十六年

泳澤書院記 文載書院

至正二十六年龍集丙午 將仕郎江浙等處儒學副提舉浙河楊彝撰 下八行闕

新增碑高九尺廣五尺正書三十四行行六十四字前後殘蝕不可辨識在承澤書院

戒德寺記 至正二十□年

越中金石目徐一夔撰

文見始豐稿○石佚

明

沃青閣賦石刻 洪武□年

萬歷志趙俶撰。石佚賦載文徵

重築海隄碑記　洪武□年

萬歷志謝肅撰。石佚文載水利

夏蓋湖水利碑記　洪武六年

宏治府志紹興府學教授王儼撰。石佚文載水利

夏蓋湖韓家閘碑記　洪武七年

萬歷志翰林學士宋濂撰。石佚文載水利

皁李湖重修三閘記　洪武十五年

湖經翰林待制趙俶撰晉府長史桂彥良書丹并篆額鄉彥俞本中等四十四人立石。今佚文載水利

重建陶朱公廟記永樂九年

正統志葉砥撰○石佚

阜李湖水利記永樂二十年

湖經翰林學士王景章撰永樂壬寅三月耆民郭厚道等立石○今佚文載水利

復縣署碑記宣德六年

萬歷志張居傑撰

復縣署碑記成化十年

浙江通志新昌俞欽撰○已上二石俱佚文並載衙署

淸隱寺磬正統五年

皇圖永固帝道遐昌佛日增輝法輪常轉祖宗歸善道

父母往西方　正統五年

判官任澤捐俸鑄施

新增磬高一尺餘大

二尺餘在清隱菴

清隱寺鐘　□□□年

新增鐘高五尺大四尺銘字與磬

同其餘小字不可識在清隱菴

修皂李湖閘水利記　正統六年

湖經正統辛酉七月工部左侍郎盧

陵周忱撰邑人郭南立石○今佚

御史葛廠墓表　□□□年

萬歷志胡儼表

○在獅子山

天順銅漏　天順七年

浙江紹興府上虞縣文林郎知縣吉惠　迪功郎縣丞

田玉　將仕郎主簿黃隆　典史譚瀛　陰陽學訓術

鍾文生　鑄匠李原令等　天順七年癸未造

嘉慶志明天順時重鑄一壺壺式如天池而殺高一尺零九分上口徑方四尺七寸底徑方三尺四寸小口上底八分近壺身處徑圓二寸外口徑圓一寸六分圓厚不及分四面肉厚二三分不等底厚三分正面楷書凡九行○

今燬

徐州州判韓琪墓表　宏治十三年

明故徐州州判韓公墓表

故徐州州判韓公與其配太孺人沈成化宏治間先後合葬於孝義鄉雁埠之原長子荆門太守銑嘗領丙午鄉薦與余爲同年次子散官鍊乃今贈太子少保兵部尙書兼東閣大學士謝公公覲之壻又與余爲同姻余於韓氏兄弟兼有二同之好乃徵余表其墓余有不得而辭者矣公諱琪字廷玉號味蘿裔出宋忠獻王後南渡來越今爲上虞人公以祖父種德久深受姿孝敏讀書過目能了大意甫壯從事浙藩方伯而下皆愛重之

遞以通典六曹事無留滯正統末大盜起閩浙朝廷命將討之供役頗繁右方伯楊君往蒞厥事舉置麾下公以受知之深竭力贊襄而餉道兵械無少乏絕故王師一鼓而渠魁授首郡縣寧謐公與有力焉及凱旋行賞公以前功進秩徐判徐地號要衝吏多弗稱公處之裕如上下德之而太孺人沈內政實有助焉甫三載輒以親老引年延師教子務底有成雖未逮祿養而卒距今已一十八載二子乃能益振家聲敦尚文事惓惓以公之墓表爲請則可謂無負公之志也已余嘗喜世之大

族富貴本於百年之善詩禮由於繼世之賢今以公之
行實而論公之平生則尤喜其上纘祖父之善下啟子
孫之賢也故特書以表之　宏治庚申歲秋九月重
陽日　賜進士及第刑部主事南山潘府識并書篆
額
新增碑高一丈廣四尺額篆書明徐州州判韓公
墓表九字表正書十七行行三十七字在雁步
重修譙樓記正德十二年
萬歷志會稽董玘撰
○石佚文載衙署
南山碑記□□□年

萬歷志董玘撰○石佚

汪侯度清介碑正德十五年

萬歷志名宦傳邑人朱衮撰立碑接官亭○今佚文載本傳

科甲題名碑記正德十五年

國朝上虞縣科甲題名記

國家非賢才不重賢才非科甲不榮故自周以來咸重進士而進士必階於鄉舉周禮命鄉論秀士而升之司徒曰選士論造士之秀者以告於王而升之司馬曰進士海內長有司類皆立石學宮書其名氏彰厥美也虞

邑士舉於鄉而論於天子之廷者頗有聞人獨可弗紀乎正德乙亥劉侯汝敬以名進士作我民牧政成之暇慨念賢才所以隆國幹科甲所以榮仕進前宋雖已立石然惟及進士而鄉舉者之名氏失紀意猶未廣乃詢謀於縣佐學博咸曰可而以記屬余蓋欲合進士及舉於鄉者而類書之用垂不朽也其或籍於外郡而發解於他邦者考之於錄雖不繫虞然其訃告祭掃恩義未絕父母宗族譜牒具存則亦有不得而遺者故卒按其舊題而收勒之非欲援以重虞也蓋亦著其實耳夫世

之人多謂人生須富貴耳何苦修□□之終與草木同腐故在科甲中者往往不能忘情於茲今以諸士名□□□樹之學宮俾後之觀者循名責實而指之曰某道德之士也某功名之士也某志於富貴之士而已矣庶幾起自科目者不隨世浮沉上之翊佐天子下之潤澤生民而德業聞望相映後先昭垂簡冊乃爲不負科甲之榮者也立石之功可少乎哉侯名近光江西廬陵人正德中成進士汝敬其字云　正德庚辰閏八月乙西南山潘府記　題名載選舉表

新增碑高九尺廣三尺餘額篆書上虞縣科甲題名碑八字碑分九列上一列記三十三行行二十二字下八列均題名每三十六行俱正書在縣學

集李邕書曹娥碑　嘉靖元年

漢會稽上虞孝女曹娥碑碑文不錄

嘉靖元年季夏吉旦　提督浙江市舶提舉司事內官監太監賴恩重建集唐刺史李邕書

新增碑高七尺廣三尺餘行書十六行行四十字在曹娥廟

元妙觀碑記　嘉靖元年

萬歷志謝丕撰

○石佚文無考

處士許璋墓題字　嘉靖四年

萬歷志王守仁題○石高五尺餘廣二尺餘正中題處士許璋之墓六字左新建伯南京兵部尚書王守仁題十三字右大明嘉靖四年上虞縣知縣楊紹芳立十五字

水東精舍碑記　嘉靖六年

水東精舍記　文載古蹟

嘉靖丁亥三月既望三峯山人朱衮撰　上虞知縣楊紹芳縣丞陳大道主簿鄭瓏典史袁震儒學教諭白經訓導符璽易文元同建

新增碑高六尺廣三尺額篆書水東精舍碑記六字記正書十八行行四十四字在二十二都東嶽廟

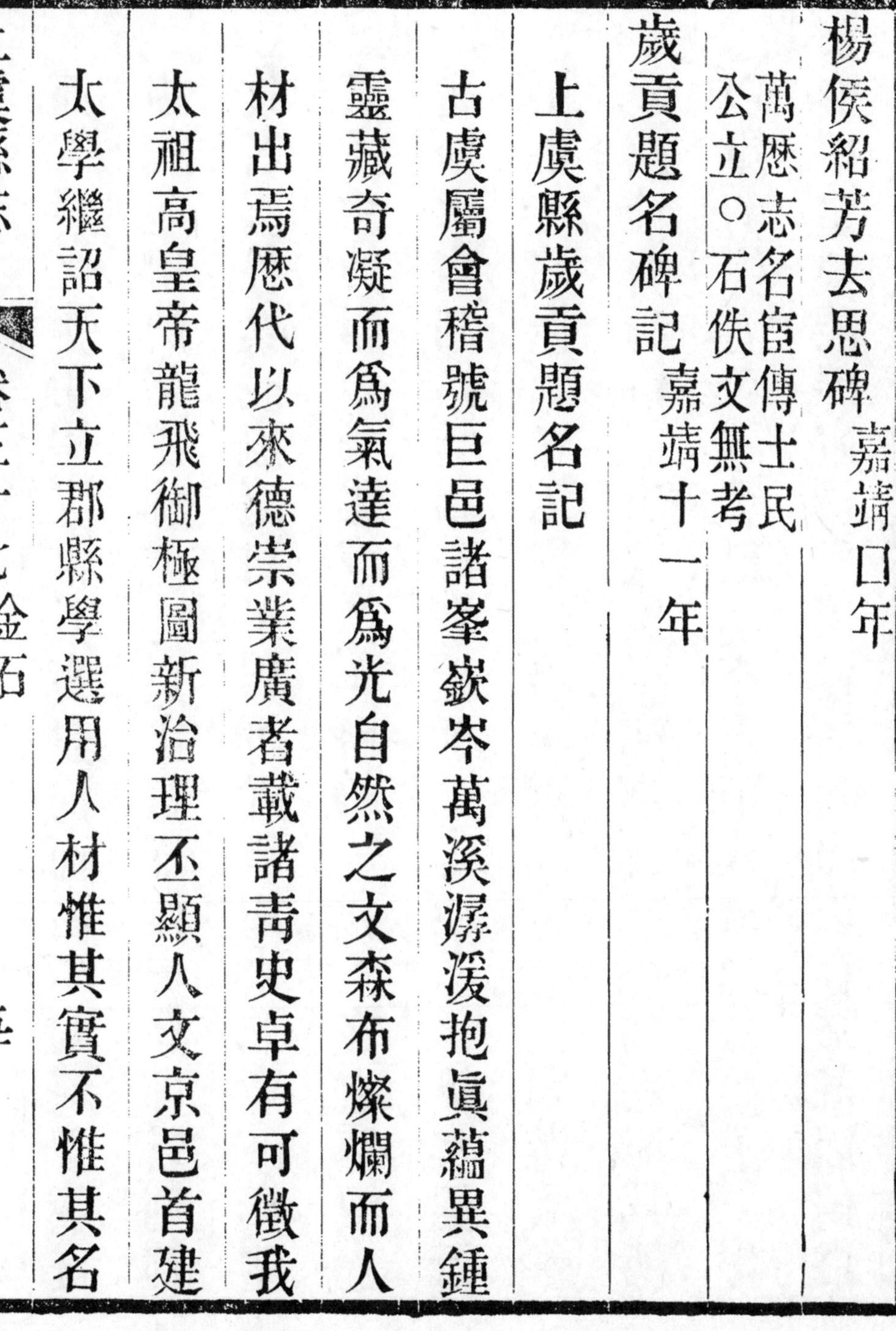

楊侯紹芳去思碑 嘉靖口年

萬歷志名宦傳士民公立○石佚文無考

歲貢題名碑記 嘉靖十一年

上虞縣歲貢題名記

古虞屬會稽號巨邑諸峯嶔岑萬溪潺湲抱真蘊異鍾靈藏奇凝而爲氣達而爲光自然之文森布燦爛而人材出焉歷代以來德崇業廣者載諸靑史卓有可徵我太祖高皇帝龍飛御極圖新治理丕顯人文京邑首建太學繼詔天下立郡縣學選用人材惟其實不惟其名

而人材之應用也亦惟其實是尚而名不趨科甲歲貢相繼並用閱諸往跡虞之貢士有擢御史登郎署列郡牧者直聲異政擬諸科甲相等近年以來茲意漸衰聖
天子中興通變神化尊德明賢昭一代人文之盛復三途並用之制始選諸郡縣繼選諸憲臣監司拔其德行優裕文詞俊逸者不拘額員遂宴鹿鳴貢禮闈遊太學達諸銓曹越格擢用諫垣臺郎郡牧皆可到之地其所以重明德者可謂至已虞庠素稱人材淵藪弟子員彬彬相望果能靜以持志博以辯物虛以存誠莊以絕俗

循循不已而明德昭矣由是出而登第應貢服官蒞政必能率履安貞危言危行克獲棟隆之吉允爲國家之禎而明德普矣光於前哲增重山川琬琰傳播寔有旣耶噫茲義之舉闡幽之智敦化之機勸後之仁兼得之矣其請予以文者則管生楷陳生驥也二子思厥祖考之孝因以彰矣時贊厥成者教諭虞楚訓導吳演云

嘉靖十一年十月吉旦　賜進士出身上虞縣知縣山東古愚木泉左傑撰（題名詳載選舉表）

新增碑高五尺餘廣四尺額篆書上虞縣歲貢題名碑八字碑分二列上列記二十八行行十九字下列題名

二十七行俱

正書在縣學

復石城碑 嘉靖十九年

上虞縣復石城碑記 文載城池

嘉靖十九年庚子夏六既望　賜進士出身中憲大

夫福建興化府知府□□□河南道監察御史□□□

□□□三峯山人朱衮撰

新增碑高六尺餘廣三尺餘額篆書上虞縣復石城碑

記八字記正書二十三行行四十四字在啟文門內

徐文彪墓田碑記 嘉靖二十三年

貞晦先生墓田碑記

先生博學雄文瑰能琦行蔚然爲儒林宗武皇朝應聘茂才異等而阨於逆豎之難身窮志拂歸乃歎曰君子不得行其道於時猶可施之於家家政莫大乎尊祖以洽族尊祖莫重乎祭洽族莫先乎燕祭有時享有展墓其儀甚殷燕則隨時羣飲以序昭穆其情甚戚修祭以寓燕莫貴乎備物物備而禮成矣猶懼其莫或繼也乃制之産割腴田一百畝歲收其入以治具遞掌輪值承之不匱使其後人曾不得蔑典而墮棄焉又懼其莫或守也乃立之記鑱入廟庭凡其畝之數與其畛域經界

具載明勒垂之不朽使其後人曾不得去其籍而變置焉先生既殁諸子輩爰念厥紹謂是不可勿記以告姚子姚子曰先生是舉可以謂之仁矣以言尊祖孝也以言洽族慈也孝慈仁之道也道非仁勿倡非基勿傳將必有需焉余讀楚茨諸什具言祭饗燕飲其義極備乃知力農以奉宗廟咸公卿有田祿者而後能有舉莫廢也故孟子曰卿以下必有圭田後世井田壞而宗法不行圭田之泯没寖獨氓庶爲然雖卿士大夫之家亦不可復焉是故數葉之後或自爲戸服盡則澤斬世降則

勢睽上之視祖則邈乎遠矣下之視族則恝乎疎矣其上漸遠故其下愈疎其下愈疎故其上愈遠遠則忘疎則渙不復知本源之所自觀陳師道思亭之記蘇洵族譜之序可爲流涕者矣夫忘與渙民德之薄也其故伊何實自無圭田始無田則生物不腆粢盛牲醴無常供微賤者勢不可爲貧乏者力不能及富貴而猥鄙者則又溺志於玩好而不知務間有一二君子少念及之脩祭以省忘寓燕以合渙然寡恒業但能行於其世而不保夫其後悲夫今先生他不遑務瞿瞿焉急於尊祖洽

族敦本重義敎成於家有古宗法遺意焉卽其慨然捐已之田創業肇統稽古禮文丕裕後昆俾有所賴藉承教不至於遠忘而疎渙非仁者而能若是乎傳有之曰一家仁一國興仁今之世俗庸詎知不有感發者乎是不特有功於徐氏而風聲所樹表率邑里若先生雖不得施於有政是亦爲政矣其生爲國老而迭賓於學宮其殁而配祀於國社也固宜　嘉靖癸卯春三月吉旦　賜進士出身中憲大夫福建按察司副使羅東姚翔鳳撰　賜進士出身中憲大夫山東按察司副

使弦齋陳楠書丹篆額

新增碑高五尺餘廣二尺餘正書十七行行五十八字在管溪貞晦先生祠內

徐文彪繹思碑嘉靖二十二年

貞晦先生繹思碑文不錄

嘉靖二十二年歲次癸卯春正月吉旦　賜進士出身中憲大夫福建興化府知府前河南道監察御史刑工部郎中三峯山人朱亥撰　賜進士出身奉議大夫廣東按察使司僉事餘姚東泉汪克章書丹篆額

新增碑高五尺餘廣二尺正書十八行行五十八字在管溪貞晦先生祠內

陳侯大賓去思碑　嘉靖□□年

維虞之邑土瘠民貧撫摩保障允賴哲人於我陳侯楚產儒珍分符來牧百爲本仁爲民救饑爲民亨屯乃崇文敎春生嚳芹乃申祖諭木鐸聲頻侯今去矣侯澤難湮載襦載袴民懷日新

萬歷志名宦傳士民公立○石佚

叅政車克高墓題字　嘉靖二十六年

新增嘉靖丁未右副都御史車純立石高六尺廣二尺餘在英嶼

贈叅政車廷器墓題字　嘉靖二十六年

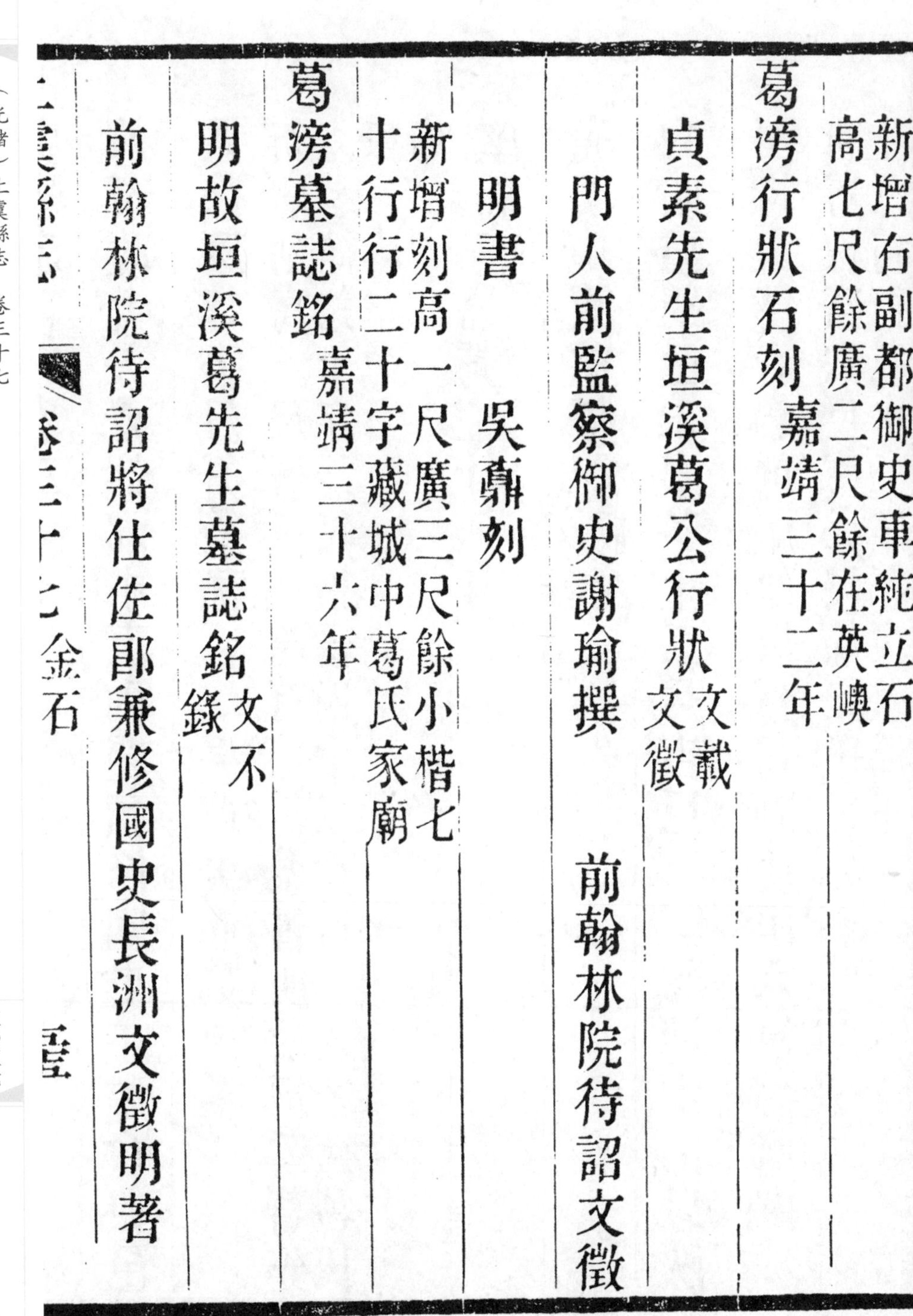

新增石副都御史車純立石

高七尺餘廣二尺餘在英嶴

葛滂行狀石刻　嘉靖三十二年

貞素先生垣溪葛公行狀　文載文徵

門人前監察御史謝瑜撰　　前翰林院待詔文徵

明書　吳鼒刻

新增刻高一尺廣三尺餘小楷七

十行行二十字藏城中葛氏家廟

葛滂墓誌銘　嘉靖三十六年

明故垣溪葛先生墓誌銘　文不錄

前翰林院待詔將仕佐郎兼修國史長洲文徵明著

前奉政大夫禮部郎中直内閣預修國史玉牒會典邑人徐應豐書丹并篆額　吳門吳鼒刻

新增刻高一尺廣三尺餘首二行篆書明故垣溪葛先生墓誌銘十字誌銘楷書四十二行行十八字藏葛氏家廟

東望橋碑　嘉靖三十八年

通明鎮東望橋記　文載橋渡

大明嘉靖己未歲冬十二月吉旦　賜進士出身陝西行太僕寺卿前福建按察司副使里人姚翔鳳撰

新增碑高六尺廣二尺餘記正書十八行行三十二字在東望橋下

修大小查湖夾塘碑記　嘉靖三十九年

萬歷志姚翔鳳撰

○石佚文載水利

重修崔公祠碑記　嘉靖四十年

萬歷志紹興府通判林仰

成撰○石佚文載祠祀

鄭公祠碑記　嘉靖四十一年

萬歷志朱衮撰○

石佚文載祠祀

知縣題名碑記　嘉靖四十三年

萬歷志嘉靖甲子十月知

縣楊文明立石○今佚

重修學宮碑記　□□□年

萬歷志陳敬撰

○石佚文無考

橫涇壩碑記□□□年

萬歷志陳洙撰

○石佚文無考

大理寺卿葛浩神道碑銘□□□年

萬歷志孫鑛撰○在

方嶼文見月峯文集

參政葛木墓碑□□□年

萬歷志黄佐表

○在麻嶼山

儒學箴萬歷五年

君國子民　教之育之　有育無教　或淪於夷　置

吏俾育　建學俾教　爲教之方　本乎師道　淸修

實踐　正口博聞　成己成物　師道用尊　爲學之

方　體仁由義　誦法周孔　亦致文藝　化民成俗

以善其鄉　成德達材　以貢於邦　本末循序　用

臻實效　朂爾師生　毋忝學斆　萬歷五年十月

吉旦　上虞縣儒學立

新增碑高六尺廣二尺餘額篆書宣宗皇帝

御製文七字箴正書六行行十六字在縣學

奎文塔碑記萬歷十二年

萬歷志邑人張

承賚撰◯石佚

復西溪湖泳澤書院碑記萬歷十二年
萬歷志知府蕭良幹撰○石佚文載書院

重建社學碑記萬歷十三年
萬歷志邑人陳繹撰○石佚文載學校

明德觀碑記萬歷十四年
萬歷志邑侯朱維藩撰○石佚文載寺觀

復西溪湖碑記萬歷十□年
萬歷志朱維藩撰

復西溪湖碑記萬歷十□年

浙江通志姚江大學士呂本記

○上二石俱佚文並載水利

等慈寺碑記　萬歷二十四年

萬歷志邑侯楊爲棟撰○碑高四尺餘廣二尺餘正書十八行行三十六字在等慈寺

新安閘碑記　萬歷二十四年

萬歷志縣令胡思伸撰

新安閘碑記　萬歷二十四年

萬歷志邑人倪涷撰○上二石俱佚文並載水利

楊侯爲棟去思碑　萬歷二十□年

刊補立碑儀門之左

○令佚文載職官攷

置學田碑記　萬歷二十五年

萬歷志會稽陶望齡撰。石佚文載文徵

仙姑祠碑記　萬歷二十□年

萬歷志孫如游撰。文載祠祀

胡侯德政碑記　萬歷二十□年

萬歷志何大化撰。石佚文無考

百雲湖碑記　萬歷二十八年

萬歷志邑人鄭一麟撰。石佚文載水利

修創城隍廟碑記　萬歷三十一年

萬歷志邑侯胡思伸撰○文載祠祀

復漳汀湖碑記　萬歷三十□年

萬歷志比部顏洪範撰○石佚文載水利

徐侯修學碑記　萬歷三十四年

萬歷志邑人倪涷撰○石佚文載學校

楊鶴曹娥廟詩石刻　萬歷四十一年

哭娥草　有小引哀辭

余行部越中見忠臣孝子遺廟未嘗不低徊留之或遂

欷歔流涕輿哀墟墓之際亦不自知其所以然也夏五

發山陰未問道里遠近忽抵曹娥江肅衣冠入謁娥廟再瞻荒墳勺水之奠未戒從者仰視几筵榱桷殆不勝情尋問廟中道士香火何狀廟貌有何宜事修葺道士具以實對急持募疏至舟中解纜將發爲題數語付之捐二千錢佐費舟中復爲哭娥詩十首以不備禮故用自懺悔狄梁公毀淫祠惟大禹伍員四廟不廢忠孝之在人心千萬年如一日也余在武林令人修于忠肅公廟總之與哭孝娥同意但使人人皆爲忠臣孝子披髮左衽吾知免矣嗚呼江流有聲孝娥之血縴約女子心

肝似銕干呼萬叫一往引決前抱父頸父腸寸裂江神
不仁作兒女孽我來哭娥殘碑斷碣如聞瀧水嗚嗚咽
咽木怨風號迴濤卷雪忠臣孝子萬古不滅豈有七尺
之男兒不如十四之女節
五月江神惡濤聲撼白波迴風捲社鼓掠浪舞婆娑幼
女方窺戶而翁早渡河眼看親骨肉的的葬黿鼉
女郎年十四日日索爺啼自分生無怙那能字及笄鸞
濤甘沒馬鬣枕罷聞鷄抱石投江去嬌容化作泥
澤畔哀吟苦洪濤覓父難烏啼無日夜猿哭亂心肝生

死爺孃骨泥沙薄命殘萬八齊掬指呼救泪闌干
阿嬌輕賭命鰲背恣横行魍魎愁相顧魚龍寤亦驚蕩
舟非蔡女死孝勝緹縈鬼母啾啾夜江天帶血聲
已罷迎神曲俄驚娶婦年不堪親父子雙穴哭蒼天風
木纏相痛河魴喪可憐我來問遺跡江草緑芊芊
不作陽臺夢應爲水府仙此生依父骨那恨入重泉夜
雨啼烏鬼春風哭杜鵑香魂何處覓蕭索越江邊
楚臣原孝子越女亦男兒何事風波惡偏傷古别離鞭
尸心並苦授命事愈危孤憤千年調空潭明月知

黃絹中郎筆邯鄲淚得名悲歌須敵哭慟死歎無生豈有酸淒調都非腸斷聲孝娥聞此語嗚咽定傷情殿瓦生芳草江花冷白蘋眼看殉穴女羞殺浣紗人魚服留青塚蛾眉寄水濱莫令巾幗辱空作丈夫身雪淚千堆拍風濤萬樹號海鯨吹水馬神女出江皐公子難收釣瀆臺亦解刀英雄千古泪流血染征袍

新增刻二方每方高一尺餘廣三尺餘序幷詩共行書七十行行十三字在曹娥廟

放生池碧沼呈祥碑記　□□□年

萬歷志張文淵撰

○石佚文無考

友樵齋碑記□□□年

萬歷志危業撰○

石佚文載古蹟

蘭芎山募緣石刻□□□年

蘭芎名山瑞峯德土立波若臺而授弟子雖已見月不可無指苟不聚經義亦半耳乃出其言而走千里先而大衆乞十萬紙昔者白馬非財不使敢告同人各捐稊米六十萬言言言儒理百數十金金金佛體經圓佛滿本多利美寶雨大雲從茲而始宏福瑞光何必非此震旦八土何必非彼　邑士倪元璐合十疏

新增刻高一尺廣三尺行書十六行行八字在福仙禪院

古崧城廟碑記 崇禎十五年

晉□□吳國內史左將軍袁公碑記 文載祠祀

明崇禎十五年十二月吉旦 上闕 倪元璐薰沐撰

新增碑高六尺廣三尺額篆書古崧城廟碑記六字記正書二十行行五十六字在崧城廟

等慈寺法產碑記 崇禎十五年

新增知縣周銓撰碑分四列每列行書二十行在等慈寺

國朝

俞卿曹娥祠詩石刻 康熙五十八年

新增滇南俞卿謁祠詩凡六章
後附跋語俱草書在曹娥廟

重修夏蓋廟碑記　康熙六十年

新增海塘告成重修夏蓋廟記知
紹興府事古滇俞卿撰在夏蓋廟

文廟歲修置田記　乾隆十一年

新增明縣令胡思伸捐置田畝乾隆
十一年三月教諭錢耀軫重立在縣

方觀承曹娥廟詩石刻　乾隆十四年

新增七律詩一首桐山
方觀承題在曹娥廟

助學碑記　乾隆二十七年

新增知縣莊綸渭教諭
訓導蔣元錡遵憲立石

文廟歲修置田碑乾隆五十四年

新增縣令繆汝和詳定田畝

乾隆己酉二月立石在縣學

連氏宗祠詩石刻嘉慶□年

新增虞山歸景照桐山方受疇五古各一篇瀛海舒其紹七律二首海昌陳寅七古一篇均係錢塘梁同書書在上湖連氏家廟

錢泳隸書曹娥碑嘉慶十三年

新增金匱錢泳以隸體補書并記山陰知縣徐元梅捐資立石後附鄞縣陳權會稽陳鴻熙跋在曹娥廟

葉氏鄉試助田碑記嘉慶十八年

新增光澤李岱撰邑人錢馡書在縣學

重修學宮碑記 道光三年

新增桐城李宗傳撰幷書

嘉定錢東垣篆額在縣學

重建文昌閣碑記 道光四年

新增知縣楚北周鏞

撰馬步蟾書在梁湖

重刻福仙禪院記 道光八年

新增邑人王望霖重書幷篆額住持僧通濟

立石餘姚周喬齡有重刻碑記跋在蘭芎山

葛稚川事蹟石刻 道光八年

新增王望霖書

在福仙禪院

義行碑記 道光九年

新增知縣秀山鄭錦聲仝立邑人王煦書在縣學

經正書院碑記　道光十二年

新增知縣滇南楊溯伊撰在經正書院

尊經閣碑記　道光十九年

新增知縣楚南龍澤澔撰在尊經閣

重修大成殿碑記　道光十九年

新增知縣龍澤澔撰在縣學

公車路費碑記　道光二十年

新增提督浙江學政陳用光撰姚元之書冉升篆額在經正書院

周氏三世旌節事實石刻 道光三十年

新增山陰杜煦書在梁湖周氏

童試公費碑記 咸豐九年

新增知縣孫夢桃撰邑人林錫光書在經正書院

忠節公記 光緒三年

新增知縣江右唐煦春記并勒石在縣署後

捍海樓記 光緒三年

新增會稽陶方琦撰金沙王緒曾書在孫家渡

重建上虞儒學碑記 光緒六年

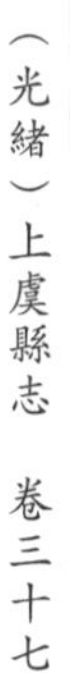

新增德清俞樾撰秀水沈景修
書會稽王繼香篆額在縣學

楊喬二字石刻　無時代

越中金石目宋嘉定中浚
玉帶溪得之○互見橋渡

普濟寺古鏡　無時代

萬歷志普濟寺井底大徑二尺用以壓勝明宏治間朝
廷聞而來取僧洽南賫以赴闕留數月賜還鏡北有篆
書詩云三面鯨濤東海浮巍然一刹鎮中
流龍君守護金鱗殿漲起沙隄古岸頭

鳳鳴山摩崖　無時代

歷朝上虞詩集鳳鳴山崖上刻有壬戌年五月十五日
滕悅顏辛到十三字又有詩一聯云敲開石壁曾飛飲
煉得金丹不賣錢越中金石記在鳳鳴洞山麓臨溪厓
上似用刀隨手勒成惟飛字作行書相傳以為仙人所

題又壁上有鳳鳴山
三字石質自成文理

花墾嶺摩崖　無時代

萬歷志倚嶺一石若有字數行以水噀之
可辨一二餘竟模糊不可識○互見山川

覆卮二字摩崖　無時代

萬歷志字在石峽中昔嘗有人以
墨摹得筆跡甚奇○互見山川

蘿巖二字摩崖　無時代

萬歷志山半石上鐫羅巖二篆字○案采訪又有俞禋
二小篆選舉表洪武壬子鄉貢有俞尙禋殆即其人

蘿巖摩崖殘字　無時代

新增字凡四行峭壁巉巖莓苔久積字多磨滅
不可全識別有蘿岩山書四字獨明大俱寸許

補

蘿巖題名洪武十一年

洪武戊午冬李成俞桂陳山陳文俞成萬興至此

屠弘葛原保又至

法帖附

諸葛武侯出師二表

新增嘉靖三十年辛亥七月文徵明書時年八十有二小楷七十一行明葛楠附識於後云余待白姑蘇荷衡山翁知最稔爲余書武侯出師二表以余世系出瑯琊也命工鐫石以傳今藏葛氏家廟

天香樓藏帖

備稿正刻八卷續刻二卷王望霖集刻自跋云余幼耽書法每見名人墨蹟輒沉玩不置可購者謹貯之其或什襲於友人非我所得晨夕欣賞者則借以雙鉤自有明至國朝得數十家既乃欲其歷久常新兼可公諸同好也爰勒之貞珉於嘉慶丙辰經始至甲子告竣顏曰天香樓藏帖

案虞邑金石文字漢晉以來散見於他書者不少求其現存十不獲一其存者又多文字漶泐難供摹搨邑錢漢村玫有上虞金石志畧山陰杜尺莊煦作越中金石記本之自元以前采獲畧備錢氏之力可謂勤矣數十年來風霜兵燹較漢村時又多磨滅失今不治後來其何攷焉爰就碑碣完善者詳載高廣之制及字數款識其久經剝蝕椎拓無從者亦采羣書所記備錄撰書姓名自漢迄明畧可覩矣國朝碑記不勝枚舉擇其尤要者錄之

其目如右

補

麻姑山仙壇記

新增向藏邑中錢玫家今歸梁湖王氏王淦跋云顏魯公書舊傳有大小字兩種近世習見者多小楷本宋歐陽修集古錄趙明誠金石錄及陸游諸人攷訂互異未知孰是孫退谷庚子銷夏錄云近傳蠅頭小楷本係嘉歷閒僧人僞書惟字形大如指頂筆筆帶隸意者乃眞顏魯公書此刻與孫氏言相符

上虞縣志卷三十七　金石志

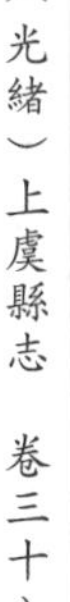

上虞縣志卷三十八

雜志

風俗

萬歷志云虞俗被舜聲教民習勤儉安耕織不樂商賈以故富籍無千金之產臧獲無百指之家內外之辨甚嚴貴賤之分不躐士勤誦讀尊師友以廉恥氣節相高嘉靖間嚴嵩當國權傾中外虞人入仕籍者輒毅然首斥其奸彈章踵接至嵩父子有云天下人容我獨虞人不能容我此可以概其俗矣　國初以來純古儉樸民俗

猶舊咸同後北鄉之民懋遷滬上習染洋風衣服奇麗男女奢華風氣大變東西南鄉儉嗇未改而士夫習禮鄉民輿仁乾嘉遺俗寖以衰息至於士風不振提唱無人一邑皆然富者膏粱醉飽無志詩書寒士來畢五經居然學究閒有一二有志之士忍饑讀書而株守一隅見聞未廣自非出類拔萃鮮能成就遠大是在良有司振興文教首儲四部書於尊經閣遴高才生常住書院厚其廩餼嚴其課程俾一意讀書不致分心而虞地山僻不能延致大師尤宜仿文翁化蜀法選開敏有材者

遺詣省會受業鉅儒減省用度以資膏火庶諸生皆有

成就虞雖褊小學問經濟其間必有傑出者新纂

萬歷志云男率於十五歲以上值元旦清明冬至日冠女

臨嫁日笄拜天地宗祠及尊長若夫三加訓戒以行禮

者尠矣　國朝以帽頂分品級制度聿新生男自彌月

薙髮至七歲以上猶參用古裝迨就傅入塾即戴纓帽

鮮有計年行冠禮者備稿

萬歷志云婚定於納采鮮行親迎之禮頗重信義輕財貨

故女家無朝諾夕更男家亦不責荊釵裙布親屬款洽

數世猶相往來至於門第之別親戚之分虞故斤斤焉
近時虞俗婚嫁兩家必擇親友相識人爲媒所以謹其
始也男家設宴求媒往女家女家亦設宴以待禮幣或
銀錢或釵鐲綾緞視貧富爲等書帖男紅女綠多以敬
求敬允具名爲信或亦有書名書庚者將娶之前有饋
曰約日盤有銀錢折禮曰發送娶之前一日有饋曰開
面盤娶之後一日有饋曰洽靜盤娶之前一日女家設
宴請壻媒氏伴而來曰過門酒畢壻先返蓋親迎之遺
意也女將行服朝服朝裙用紅帕蒙頭曰蓋頭祇父兄

抱扶入綵轎樂戸以鼓樂導迎至壻家中堂樂戸贊禮男與女皆三請然後扶掖出轎行交拜禮尊長上香擇夫婦齊眉齒德兼隆者然花燭又有穉女添粧穉男讀祝拜畢以紅綠帕行合卺禮送入洞房男左女右坐於牀樂婦進合歡杯曰交杯酒旋或姑或妯娌代揭蓋頭衹即日又拜舅姑及親屬長輩閱三日曰三朝告廟及至厨房取主中饋之義亦有一日而並行其禮者備稿

案崔志云虞邑近時風俗好於孩提時輕許爲婚納釆又僅以名帖爲憑於是有長子所聘未婚而夭欲即移配次子長女受字而夭欲即以次女抵嫁又或假尊長出名騙誘女家變幻出奇遂致彼此爭訟謹案司馬温

公書儀參以朱子家禮頒示名帖一定款式均宜遵照以杜訟端乃近來虞邑婚帖仍不寫明男女長次某名而移配抵嫁之弊尚不至如崔志所云風氣猶爲近古惟富家務在妝奩豐厚甚或鬻産負債以求觀美貧家許字論財或七八十金或百金或百數十金聘禮盤儀多多益善每見有千金之家因嫁女而中落農民積十年贏餘因娶婦不足又稱貸而益之遂窮約以終身甚有老死不能婚者凡此二創遺害甚巨薦紳先生有能倡導而變化之庶幾男女以正婚姻以時虞民其有周之遺風乎

萬歷志云居喪頗盡古禮然習於儀文侈酒饌以延客用浮屠以超度盛導殯以炫觀夫宗人執事者膳之固宜舉族衆攢食喪家略無哀憐之色此豈人情耶而力有不支遂創爲擇日開靈之說至溺於堪輿家言停柩不

舉間有一室數棺或百年無一抔土者嗟乎親喪惟所自盡吾不知虞之作俑者誰矣嘉慶志云虞邑近有一輩無恥之徒乘人遭喪强來索食既非戚黨又非素識名曰送殮實圖哺啜喪家如不能供必須散給錢文否則羣相詬詈甚且奪門競鬨情何以堪用示禁以杜刁風備稿云男女居喪服飾儀節大率本之文公家禮初喪慟哭訃聞親族臨喪舉哀隨斂成服每七日一祭多用釋道懺度以七七爲滿期擇日開靈受弔或逢七受弔棺用杉木葬以磚石爲槨大夫用翁仲望柱墓誌銘

神道碑壽常士庶則立石題名而已有貧不能葬者多浮厝用草覆棺歲久則骸骨暴露反不如掘壙土掩之爲得也

萬歷志云祭則家各異時忌日無論貧富皆知行之然止列羹飯香燭成禮而已清明必特牲以祭重展墓也嘉慶志云春秋分家各異禮冬夏至家皆祀之備稿云元旦中元除夕家皆祭之餘則婚娶科第除授必盛服告廟今虞俗常祭率用十簋清明或用特牲及少牢者新墓

元旦男女夙興遠近爆竹相應焚香燭拜天地次詣其夙

所設先人主及遺像所卒卑幼拜之已男女序拜其尊長誨且祝卑幼亦以次交拜男子盛服詣親友稱賀歲間亦以酒食相款接曰歲假凡五日畢萬歷志至今遵用其禮新纂○國朝韓廣業元日詩四載浮家歲月留又逢元旦喜夷猶人聯東度鄰徐穉客儼南來揖太邱蔬酒淡成賓客味關河遼隔弟兄憂一年豐稔占消息兩度逢春閏有秋

立春先一日邑令率所屬迎綵仗土牛自東郊入男婦競觀於途次日鞭牛以鼓樂導送各鄉士大夫而鄉人亦以土牛之色爲旱潦豐凶之兆萬歷志國朝邑令迎春於東郊設勾芒土牛裝春官募丐頭充之著古衣冠乘

肩輿鼓樂導從次日打春破土牛取小春牛以充饋遺備稿

元宵街市懸燈各社廟賽神以鼓樂劇戲爲供陳設古器奇巧相角等慈寺月堂上里中少年於月下較武聚觀如市貴遊好事者放烟火爭勝自嘉靖間倭奴犯境遂不復再萬歷志今則社廟演劇如舊等慈寺燬於粵匪并無復昔年陳跡矣新纂

春社前後各鄉村聚天齊社會旗幟繡東岳帝像以鼓樂導迎齋戒必虔所至以酒饌相款洽謂之禮拜相傳明

季倭奴入犯各鄉村團練鄉勇演習隊伍保障一方有警則交相接應後太平無事遂易戈矛爲旗幟假神道以驅疫亦保甲之遺意也備稿。國朝李端本詩各攜旗鼓戒同儕禮拜村村堡堡排討定來朝三界去幾家投宿幾家齋王煦詩天齊古社報春皇錦繡叢中傀儡場要把春城細摹繪貔貅十萬下昆陽乃踵事增華日新月異乾嘉以來每禮拜畢三月中里人又聚各社各旗迎東嶽帝於城中及東西兩鄉謂之花迎羽葆鼓吹繡幟錦繖高蹺文馬魚龍百戲約排場二三里許每年所費甚鉅雖太平盛事亦以見風俗之日靡也新纂

端陽家各以角黍相饋遺設蒲觴屑雄黃其中佩用艾虎及綵符以辟惡間亦有以是日祀先者採藥禳災競於午前爲之萬歷志

夏至各具麵爲祀萬歷志

七夕間有宴以乞巧者萬歷志十五日設蘭盆會以祀無主之鬼嘉慶志◎明謝肅七夕詩茅居湖曲帶風林筠篁庭中坐月陰自覺天孫銀漢會不關人世白頭吟作金何有王陽術獻玉休懷卞氏心也復呼童具瓜果一壺郫酒醉更深

中秋夜設酒果於庭中以玩月十八日觀潮曹娥江滸萬歷志

重陽親友以餻果相遺祀先如午日好事者間邀朋好登
高萬歷志○明車純九日詩江漢飄零一葉萍佳辰風雨暗江亭風流不學龍山醉只愛黃花伴獨醒

冬至祀先用牲醴視常節稍隆惟不拜賀萬歷志

臘月二十三夜家家祀竈用湯團新增

臘月二十五夜炒米花白豆撒室中謂之徧寶沈全補稿

除夕換桃符神荼鬱壘灑掃堂室爆竹不絶聲設牲醴祀
神祇謂之送歲仍家祭其先夜則羣長幼坐飲歡笑以
爲分歲亦有終夜齋坐稱守歲者萬歷志今則分歲後復
用湯團祭先合家長幼以次序食謂之團圓果守歲用

巨燭然竈司前或中堂竟夕煒煌新纂○ 國朝胡鋭除夕詩依舊生涯欲
啞然不知過此便新年翟公門署宜春字杜老囊留押歲錢瑞氣湖山開雪後歡聲兒女話樽前更無縣望呼如願家世清芬抱一編

每歲六月十月兩期各村迎社神祈年報賽之意也所至鳴鉦演劇親友聚觀以酒食相款備稿

附丐戶女尼

萬歷志云四民之外有戶以丐稱者例不得與良賤等相傳爲宋罪俘之遺會稽志謂其如人身之瘤蓋男女業非四民之所業而四民亦恥爲其業至於通良家婚姻

之情每覩利之多寡爲是非善爲流言煽惑巧於貿易衣飾乾没如鬼嫁女家用丐婦伴女出嫁或因之以竊繈褓甚而離間骨肉傾陷親戚豈止如瘤已哉餘姚縣志云宋南遷將卒背叛乘機肆毒及渠魁以勦捕就戮其餘黨焦光瓚等貶爲墮民散處浙東之甯紹其類有二一曰丐戶一曰郎戶良家吉凶之事男女皆來供役衣服居處特異其制狗頭帽横幅布裙低屋小房子孫不得考取入學仕進良民不通婚姻謹案 國朝雍正元年御史噶爾泰題准照山西樂戶削除其籍俾改業

自新與民同例毋得習爲汚賤乃　國家以寬恩相待而丐戸卒不肯改業自新近又漸加僭亂不惟男女服飾與良家無別抑且高樓華屋儼若世家矣備稿

萬歷志云近有女尼削髮披緇專於富貴不閑禮義之家假神佛因果紿誘婦女拜師持齋赴會聽講傳經種種淫邪之說一賺其中如素帛點墨力湔滌不能去於丐之外又增一戾竊謂女尼詐騙猶其小者近更有一輩無賴禿徒引誘不肖婦女入廟燒香住寺理懺甚或投拜爲師風俗之壞莫此爲甚有司民之職者當與鄉大

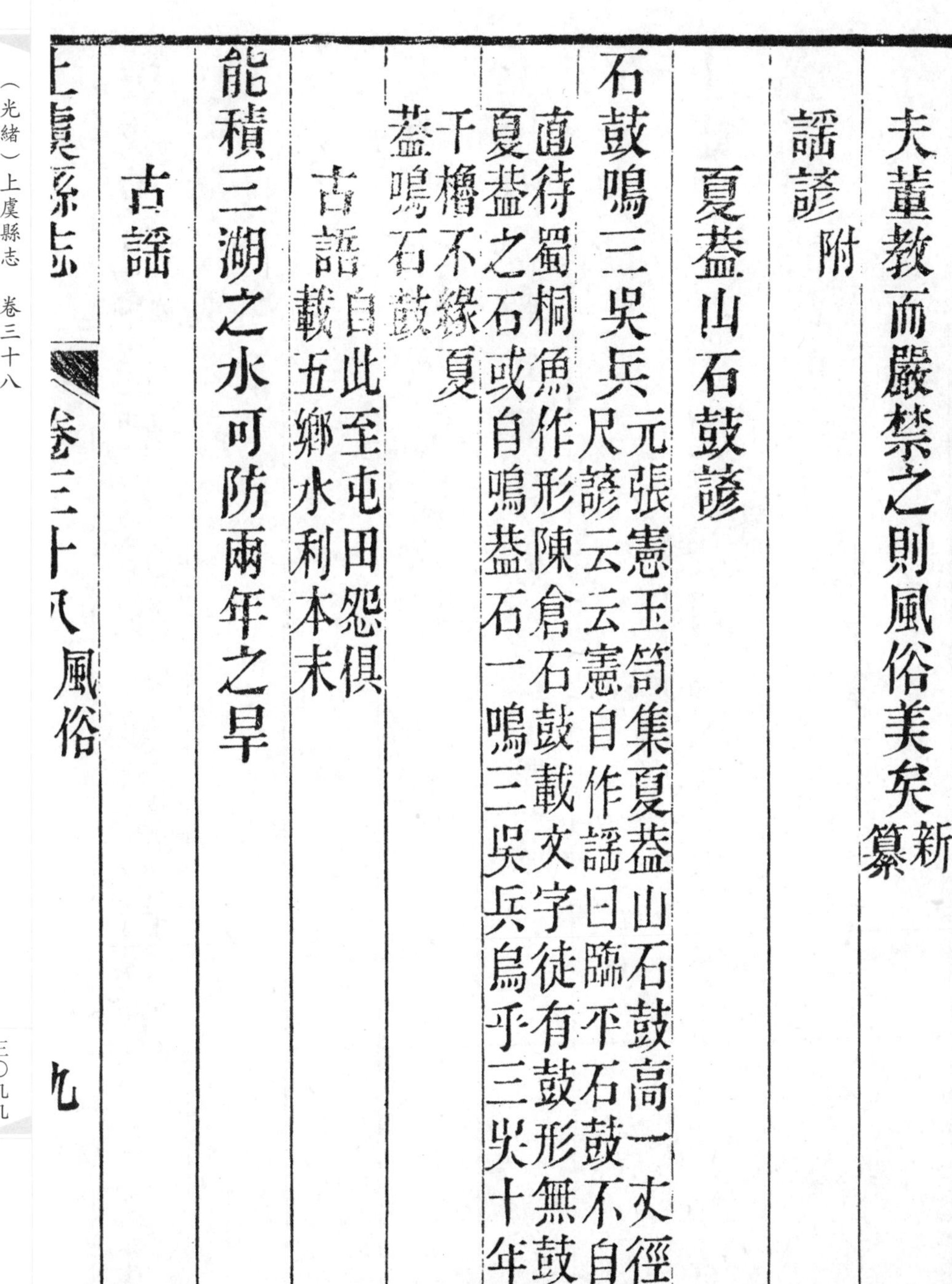

夫董教而嚴禁之則風俗美矣新纂

謠諺附

夏蓋山石鼓諺

石鼓鳴三吳兵元張憲玉笥集夏蓋山石鼓高一丈徑三尺諺云云憲自作謡曰臨平石鼓不自鳴直待蜀桐魚作形陳倉石鼓載文字徒有鼓形無鼓聲夏蓋之石或自鳴蓋石一鳴三吳兵烏乎三吳十年厭干櫓不緣夏蓋鳴石鼓

古語

能積三湖之水可防兩年之旱古語自此至屯田怨俱載五鄉水利本末

古謡

壞我陂王仲嶷奪我食使我飢天高高無所知復陂誰南渡時事詳水利志夏蓋湖下

諺

破岡畈無稻蒿城得恰好

上虞西鄉兩年熟不如稽陰一盃粥

古詩

上妃白馬羣山遶夏蓋湖寬江海連三夜月明爭告旱一聲雷響便行船

童謡

王外郎築海塘不要錢呷粥湯指王仲遠築海隄事詳見水利志海塘下

鄉民謠

三年林縣尹蓄水甚有準民田無旱澇湖田剗除盡元元貞間事詳見水利志夏蓋西溪等湖下

廢湖辭

三湖鼎峙漢唐開更變桑田民受災若要捐租仍舊貫九重丹詔下天來

父老歎

二都破岡畈一夜大雨便無飯

屯田怨

束簿屯田奪我豐年湖也乾田也乾顆粒不周旋兒飢女餓逼相煎朝啼暮哭涕漣漣眞可憐那般寃苦何處訴天

頌

縣尉不要錢只有趙子年元趙元齡事詳見本傳

興湖歌

虞邑西鄉鹹土如霜雨澤愆期禾稼致傷古人憂遠築湖以防謝陂漁浦源深流長夏蓋在後闢於李唐民割己田包輸共糧啟閉周密積水汪洋灌我田畝定限立疆維兹

有秋禾黍登場含飴鼓腹咸樂年康願言此歌徹彼上蒼

沈奎補稿

皁李湖歌

太平治化貞觀初民風熙皞爲何如良農務本勤稼穡荒田盡闢多膏腴雨暘時若穀有餘儻逢旱歲奚防虞里中幸有曹黎氏割田糾衆開成湖東作與時水可儲西成倉廩無空虛願天福祐曹黎後子孫世世同耕鋤湖經

湖民謠

皁李湖三五里一月晴便見底湖經

淳熙十四年夏旱河無水强民來放湖捉送公廳裏縣宰甚賢明決斷皆循理罰了五千錢荊棍打不數湖經莫時舉項圭五官放湖定弗許知縣嗔捉豪戸誣罵官解到府太守問招抗拒引出廳頭斷天降雷電雨受過萬千苦水利終弗與湖經

祥異

南齊

建元二年九月有司奏上虞縣楓樹連理兩根相去九尺雙株均聳去地九尺合成一榦南齊書祥瑞志

宋

熙甯十年趙清獻爲守得劉承詔十世聚族狀聞於朝旌表其閭嘉泰會稽志○互見人物金石志

明

正德十三年縣譙樓前放生池產蓮一莖兩蕊者二劉令近光有碧沼呈祥卷邑人張文淵撰記萬歷志

隆慶元年放生池產並蕊蓮萬歷志

國朝

乾隆十三年邑民俞才六妻王氏壽一百歲具題旌表

嘉慶志

四十七年邑民葛振旗夫婦九旬同堂五代邑士朱廷和五世一堂七代親見並呈請題　旌嘉慶志

五十五年邑民王瑞臣壽一百歲五代同堂題　旌建坊嘉慶志

嘉慶九年壽婦裴恒謙妻潘氏五世同堂七代親見奉旨給七葉衍祥匾額志嘉慶

十三年邑民俞格四五世同堂子開秀五世同堂七代親見呈請題　旌給七葉衍祥匾額志嘉慶

十四年邑民趙士先妻王氏壽一百歲呈請學憲給頤齡淑德匾額是年又有鄉飲賓劉承文五世同堂七代親見與妻趙氏並年逾八旬呈請題　旌給匾額嘉慶志補遺

道光二十三年職員謝聘之母口氏年逾八旬五世同堂呈請題　旌給匾額備稿是年又有監生谷連元年八十二歲五世同堂有子一人孫四人曾孫六人元孫一人浙撫劉韻珂題　旌給匾額新增

咸豐三年諸生沈日宣重遊泮宮呈請學憲萬青藜題旌給泮水耆儒匾額時年八十一有子八人孫十三人

曾孫五人備稿

四年副貢徐樹丹重遊泮宫呈請學憲萬青藜題　旌給

匾額增新

同治二年歲大熟麥禾木棉俱倍收農歌於野商慶於市

中興氣象於斯稱盛增新

光緒元年監生朱新增繼妻石氏五世同堂呈請題　旌

給匾額增新

七年歲貢生孝廉方正王琖重遊泮宫呈請學憲張澐卿

題　旌給匾額增新

八年麥禾並穗新增

九年增生嚴西書重遊泮宮呈請學憲祁世長題　旌給芹茆重賡匾額新增

十二年五品銜顧瑛妻袁氏五世同堂七代親見呈請題　旌給匾額新纂

十五年小查湖蓮開並蕊新增

十六年歲貢韓文熙重遊泮宮呈請學憲潘衍桐題　旌給泮璧重芳匾額新增

案虞邑五世同堂暨五六世同居年登大耋未請　旌者舊志尚多失載今據採訪所及自　國初以迄

近時略按時代先後附列如左

順治朝陳懋德年八十九歲五世同堂新增

徐汝梅年九十五歲

康熙朝徐元芳年九十五歲　徐熹年九十一歲　徐球年九十歲

章君錫妾曹氏年九十八歲　許璉繼妻張氏年九十三歲

乾隆朝俞奎文家六世同居男婦一百六十餘人共爨而食上下嫺睦人無間言新增

黄仲龍妻李氏年九十歲五世同堂有子二人孫八人曾孫十二人元孫二人新增

周作雲年七十七歲五世同堂新增

嘉慶朝金士清年九十五歲　朱作賓年九十四歲　徐士櫝年九十三歲　張錫三妻龔氏年九十一歲

道光朝監生賈煊妻丁氏年九十三歲子九韶繼妻石氏年九十二歲均五世同堂新增

王殿宰妻丁氏年八十五歲五世同堂有子五人孫十二人曾孫二十五人元孫一人新增

糜元昇年百有四歲　王大俊年九十六歲　郭鳳標年九十六歲

潘斗文年九十六歲　王式南年九十三歲　潘景初年九十二歲

葛見心年九十一歲　鍾振年九十歲　朱光照年九十歲　徐仕成年九十歲　張荊輝繼妻陸氏年九十四歲　王存惠妻陳氏年九十歲

咸豐朝羅性元家男婦五十餘人五世同居翰林修撰章鋆表其閭新增

王世艮妻張氏年八十六歲五世同堂新增

丁士高年九十四歲　王存孝年九十三歲　戴必顯年九十三歲

陳福年九十三歲　章淪年九十二歲　龔茂順年九十二歲　沈可銘妻口氏年九十三歲　連聲金妻鄭氏年九十一歲

同治朝宋其芹年八十二歲五世同堂新增

鍾文夷年九十五歲　丁漢龍年九十五歲　駱文貴年九十一歲

連聲佩年九十歲　徐元誠年九十歲　馬元龍妻許氏年九十八歲

光緒朝金鑑遠妻張氏年九十四歲五世同堂有子四人孫十八曾孫二十一人元孫六人新增

監生俞熙年九十一歲暨繼妻王氏五世同堂七代親見有子六人孫九人曾孫十三人元孫三人新增

王魯瞻妻厲氏年八十歲五世同堂新增

監生徐炳奎年八旬餘五世同堂新增

馮萬元年九十八歲　梁國楨年九十四歲　陳洲年九十歲　王清濂年九十歲　徐元旦年九十歲　王新産年九十歲　汪來富現年九十四歲　周宗達現年九十一歲　任國璋現年九十歲　蔣學寶現年九十歲

戴紀成妻孫氏年百有二歲　張朝陽妻陳氏年九十五歲

王善慶妻陳氏年九十四歲　陳惟誠妻杜氏年九十四歲

王蘭芳妻周氏年九十三歲　王啓賢妻倪氏年九十二歲　經維垣妻夏氏年九十一歲　謝述堂妻沈氏年九十一歲　章天保妻陳氏年九十歲　金國泰繼妻王氏年九十歲　丁清妻曹氏現年九十二歲　趙丙山妻董氏現年九十歲

右祥瑞

東晉

太元十五年夏駕山石鼓鳴萬歷志○王振綱云晉書五行志作吳興長城夏架山有石鼓長丈餘面徑三尺所下有盤石爲足鳴則聲如金鼓三吳有兵據此乃長城縣之夏架山舊志引之豈別有說歟今案元張憲玉笥集有夏蓋山石鼓謠然則石鼓之在上虞相傳久矣

太元二十年五月癸卯上虞雨雹晉書五行志

南齊

永明三年大鳥集會稽上虞其年縣大水南齊書五行志

永元元年四月有大魚十二頭入會稽上虞江大者近二

十餘丈小者十餘丈皆暍岸側百姓取食之南齊書五行志

宋

乾道三年八月上虞縣水壞民田廬時積潦至於九月禾稼皆腐宋史五行志

淳熙四年九月丁酉戊戌大風雨駕海濤敗上虞縣隄及梁湖堰運河岸宋史五行志

九年夏五月不雨至于秋七月上虞旱宋史五行志

紹熙五年七月乙亥上虞縣大風駕海濤壞隄傷田稼宋史五行志

咸淳八年八月一日上虞大水宋史度宗本紀

明

成化二十三年邑民葛用章家犨生七子而母斃苙有牸

鬦犨子悲鳴往乳之而七子得長萬歷志

正德元年夏旱歉收民饑萬歷志

三年夏大旱民訛言黑眚出萬歷志

七年七月十七日夜颶風大作海潮溢入壞下五鄉民居

男女漂溺死者以千計萬歷志

十三年大風海潮復溢萬歷志

嘉靖元年旱乾隆府志

二年復旱民饑萬曆志

三年大旱萬曆志

二十三年間有長人在九龍山中爲害長人即山魈九龍山梁湖往百官處山深窈迢遞十里許無村落爲七鄉孔道昏夜往來或遇之多被害衆議剏張神祠以接濟行旅其患遂息○萬曆志

十三年秋七月颶風霪雨壞廬舍傷禾稼歲歉收萬曆志

十四年六月三日火災東自城隍廟西及閻王廟延燒至二百餘家萬曆志

十八年大水萬歷志

十九年火災自城隍廟至縣前延燒甚衆萬歷志

二十三年大旱民饑斗米值銀一錢八分萬歷志

三十年上虞李樹生王瓜諺云李樹生王瓜千里無人家

此後海上罹倭寇之禍留青日札

三十一年李樹開桃花見謝讜王子歲紀事

三十三年秋每晡時兩日黑光摩盪可一辰而沒是年李樹生王瓜萬歷志○案李樹生王瓜留青日札作三十年萬歷志作三十三年未知孰是今兩存之

三十四年六月倭寇自四明經邑東門外所至殘滅隨渡

曹娥江以去是冬復至萬曆志

三十五年正月初倭寇復自四明至東門外花園畈時同知屈某適卒河南毛葫蘆兵駐虞出與戰官兵敗北賊從北城外渡江去橫屍徧野慘酷不可言獨恃城守坊市之民不至殘破塗地耳萬曆志

隆慶二年民訛言朝廷選女子入宫數日民間奔娶殆盡

四月初一日未時日食既昏黑星盡見馬牛羊在山野者皆奔歸萬曆志

萬曆三年六月初一日夜大風雨北海水溢有火色漂沒

田盧衝入城河以杖擊之有火星見萬歷志○明顧充詩乙亥之夏天高晴晦夜忽聞風雨聲江濤海潮卒齊發熱如沸鼎波濤驚波濤四入浪霏雪高原深谷無分別室廬漂蕩類浮漚須臾赤子皆魚鼈最憐鹹水淹田禾田禾不立槁如之何終年仰望今已矣將來餓莩還更多嗷嗷萬口籲天泣淒凉千狀難收拾何時惠澤自天來還愁擾擾催科急

五年海嘯沈奎補稿○明葛曉詩怪哉異乎夜初寂翻天倒地聲轉劇夢裏魂飛莽莫收胸中似搗還辟易唇寒舌縮不能語披襟坐遲東方白出門但見官河水昨日枯乾今泛溢問之云是犴食龍馳風捲海岸爲坼坼岸潮隨風逆來人家近海尤堪哀夜半喧豗勢若崩笑聲疑觸天門開醒來盡在波濤裏墻傾屋卸啼新鬼簇簇長蛟急莫分須臾平地如遊蟻吮血磨牙慣食人人自心酸蛟自喜至有拔宅入魚鼈開闢有人從此絕吁嗟感泣淚如洪灑向洪波盡成血遍野禾黃黃過雲潮汐往來猶未澈眼前已自苦顛連去後將何延歲

月況乃赤日懸如火縱不被潮田亦剩
洪水當年望樂功矯詔發粟胡不可
十五年七月二十一日風雨異常屋瓦如飛梁柱垣牆傾
圮漂没者無算合抱之木立拔平地水湧數尺時旱禾
方熟未收一日盡落泥水中漂去頓失有秋萬歷志自秋
雨至冬至始晴大饑乾隆府志
十六年旱民饑萬歷志
十七年復旱湖河溪澮最深者亦盡涸田坼禾焦升斗無
入至剝草根樹皮以食餓殍載道萬歷志
二十六年虎肆害甫昏輒從西南水門入咆哮衢巷人盡

畏避縣官戒獄徒擒之不能得後於東門外畋之叢薄處獲一虎而人亦有重傷者萬歷志

三十二年十一月初九日夜地震屋宇搖動甚有傾倒者萬歷志○明陳繼疇詩仲冬熙熙如仲春翔陽戢翼噓重雲驕陰乘陽出未得欲雨不雨蒸絪緼鉤星漸舒開管鑰海水周流波相薄蟾蜍張口候儀動一龍機發銅丸落是時漏點方二更六街闃靜無人行篝燈燕坐酒初醒忽聞四壁聲錚錚洸如空中旋磨蟻又似弄舟江心裏屋瓦紛飛水自波千門萬戶重重啟宿鳥繞枝棲不定兒童喧呼聲相應爭言無處可容身嗟爾媼神何太橫由來地道貴安貞一陽之月宜上行歷北而西三萬里胡爲偏向東南傾東南虛自稱樂土男耕女織多愁苦災來有基豈偶然茲理雖微聊可覩君不見周幽王三川地震須臾亡又不見漢文帝地震山裂成至治片言能使天意回轉妖爲祥歷可紀方今聖德邁唐虞

羣工欽翼無專踰漫言天變不足畏涓涓不止成江湖避殿減膳亦徒爾貢琛獻瑞何其誣一自鯨波沸東海西川跋扈又數載徵調頻年物力微奚堪榷酤復開採長狐乳虎何咆哮鑿海煑海皆民膏膏盡髓竭命不保九閽欲叩君門高君門高兮不必歎但願君心恤災患一朝赫怒宏羊烹三儀順軌方儀奠

天啟四年十月地震康熙志

崇禎元年正月朔日食風霾七月二十三日颶風大作拔木發屋海潮大進塘堤盡潰自夏蓋山至瀝海所淹死者以萬計康熙志

五年大旱七月前江十都地潮水曲割竟通夏蓋湖鹹水直注餘姚康熙志

十四年正月大雨雪民饑六月飛蝗食禾康熙志

十五年旱蝗乾隆府志

國朝

順治三年夏大旱五月二十六日太白晝見七月大風拔木海潮入禾稼淹腐康熙志

四年春大饑斗米四百錢民食榆皮土粉康熙志

五年三月山寨王完勳入城焚縣廨十一月焚下管徐姓房屋康熙志○舊作山賊王岳壽誤今改

十六年閏三月初一日羣龍戰鬭大雨雹倏忽高尺餘細

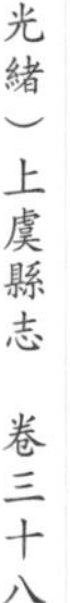

者如彈巨者如拳更有巨如石臼至不能舉者人畜多擊死菽麥無收康熙志是年又旱乾隆府志

十八年四月李生王瓜三月不雨禾稼大焦枯至八月始雨沿城絕粒八都塘壞鹹水入河夏蓋東西鄉絕粒奇荒連歲康熙志

康熙三年八月初一日大風雨海塘復壞潮入禾稼無收十一月有大星見東南方氣白如練康熙志

七年六月十七日戌時地震屋瓦皆崩七月地上生白毛康熙志

九年六月大水康熙志

十年大旱青蟲食稻七月初五夜城中火災自儒學前謝家新街悉焚康熙志

十五年夏蓋山崩次年海賊大掠夏蓋山謝家塘烏盆諸村落據曹恒吉曹江集

十八年大水十二月三日大風連日盛寒冰合舟膠履河如踐石道嘉慶志

二十九年秋七月二十四日霪雨連朝至八月初三日止縣被水災俞府志

三十年大旱九月十一日大風海塘壞潮溢七鄉虎入縣城沈奎補稿○范蘭詩猛虎居南山磨牙出衢路路人別毛色記識殆無數饑號急搏拏暇待白日暮風生翠嶺闊行子勿得渡城邑衆所喧入行目如炬峩峩宣化坊官鼓鳴至曙故來恣遊戲夜雪遺迹去

雍正元年大旱歲無收嘉慶志

乾隆二十年大水外梁湖塘隄潰決歲歉收斗米三百錢民食樹皮草根嘉慶志

三十五年大水禾稼盡壞嘉慶志

嘉慶六年七月十五日大水外梁湖塘隄石閘大決水淹半月禾稼盡腐嘉慶志

七年七月有巨魚乘潮而上潮退陷沙中身長不知其幾脊高於屋海人刳肉熬油負其骨置瀝海所城北沈奎補稿

○王渲之觀巨魚詩海中巨魚吞聲牛鬐鬣矗矗矗凌山邱奮揚不止任公釣千里未有知其修一朝失水埋沙磧四海雖闊終難投漁人蜑戶喜大嚼巨緇利刃相爬釣作之腊之動千百脂膏狼藉流沙白獨持枯骨置城北血痕斷處暈深碧脊如凹臼肋如杵聚觀嘖嘖驚梟客嗚呼生前已爲螘所苦死後更誰報河伯反使儵魚竊笑牛蹏涔道彼大而無當不自知升斗之水儵可活自生自化同醯雞雖然豈獨巨材易致辱鮑魚臭鮒壓車軸然其潑鬵烹小鮮誰識鵬游北溟天大小死生同一壑彭殤過眼同雲煙材與不材正難處參破圜吏逍遙篇

九年大水傷禾嘉慶志

十三年六月初五日城中火知縣崔鳴玉令民置水龍二存城隍廟中命住僧守管以作將來救火之用○嘉慶志

二十五年秋大水沙湖塘決禾稼淹腐備稿

道光十三年七月大水壞田禾冬雨雪四十八日新增

十五年夏秋無雨歲歉收備稿

二十一年嘆咭利寇甯波入餘姚官兵駐上虞冬平地大雪積三四尺備稿

二十二年六月朔日未刻日食既白晝昏黑雞犬俱驚備稿

二十三年二月至三月西方有白氣一道日沒郎見或曰

太白也備稿

二十六年夏旱六月十二日半夜地震房屋動搖器物有聲先是訛傳有妖物如貍入夜祟人民間放火礮鳴鉦鼓達旦喧譁數百里內無一家安枕者或云旱魃或云黑眚不知何怪也備稿五月廿二夜錢玫家擊一紙貍背白面黑長僅數寸中鉛子凡六處貓頭長嘴當口處插一雞毛當心塗以硃砂遠近傳觀焉新增

二十七年十月初五日半夜地震備稿

三十年歲饑斗米五百錢八月十四日風雨大水江塘壞

沙湖塘決無量閘圮平地水高數丈沿江居民房屋俱毀城中水深六七尺各村俱淹沒棺槨漂流者無算備稿

咸豐二年四月至七月久旱禾稼焦枯十月梁湖袋頭山下民人陳兆彥妻產怪物頂上有角蓋旱魃也十月初六日戌時地震備稿

三年三月初七日戌時地大震初八日巳刻復震六月海潮泛溢禾稼淹腐備稿

四年六月曹娥江有物如牛或云海牛備稿

六年八月蝗知縣劉書田禱於劉猛將軍并諭各鄉迎神

設法收捕　劉書田捕蝗神異記咸豐丙辰夏秋不雨至八月蝗入浙境山會蕭餘傳有蝗至余急諭各鄉堡如蝗飛入率農民嚴捕一日余坐廳受事忽聞城外鳴鉦聲爆竹聲呼家人往查家人譁曰飛蝗過也余出廳仰視如敗絮蕩空幾蔽天日是時晚禾未收余愀然曰大災作矣因思救荒諸書載捕蝗之法雖備惟買蝗最爲捷便蓋見利爭趨人之恒情也即出示收買定價每觔二十文設局於署之東偏土地祠中閱一日有一農持蝗來余親給價遣之去賣蝗者曰鄉之農皆以官未必給價也不肯捕今果給價明日捕者衆矣至明日老幼男婦挈筐攜簍負袋荷肩而來者絡繹不絶余親坐土地祠令先書名於簿按次秤稱即付以錢就其所持之器投入熱釜中於祠後開大坑掩之一日或三四千觔或五六千不等約八九日賣蝗者漸少而晚禾亦幸無傷余又恐蝻子遺害也又出示收買定價斗四百文蝻形如桑葚色黄絫絫然成串前後約買十餘石而賣蝻者亦漸少余竊幸蝗之災可以永除也而孰知蝗之暗集於山陬海澨間足跡所不到者尚多也丁

已三月盡行出土余急出示收捕如前法並勸殷紳就近收買定差保賞罰惰者枷責勤者給錢如是者十餘日田中收捕殆盡然柴蓬叢密中偶一披尋如蜂聚蝗屯見之令人髮聳人力竟不能施余晝夜焦思寢食俱廢忽思劉猛將軍驅蝗神也載在祀典禱必有應訪諸士人知城北十五里楊家溪有廟在焉余齋戒往禱迎神至社廟中俾有蝗村堡遍迎焉如古鄉儺故事其迎過之處閱兩日有報蝗去者余詢其狀十九都紳民僉曰迎神前一日有烏鴉數千百隻飛滿山巔及神到之日遠望山上火光騰起如霞至次日而蝗即不見又下管鄉等處紳民言其狀曰月夜見蝗飛起高與樓脊齊凡兩夜蝗即不見有好事者遍行窮搜偶得一二如癡如迷不能飛躍此東南兩鄉之異也尤可異者西北近海草蕩蝗集於亂茅荒蘆之上如麻瓣然農民以爲草塘非禾田也雖嚴諭收捕終不甚力余恐其蔓延親往捕焉晨起率農夫數百人攜筐袋往至則日已出見人即飛去頗難著手余又思捕蝗之法雖多總不外大田秉畀炎火之說令割草畝餘積稻秆乾柴俟夜燃火入

四圍集用帚埽以焚之不意燒至夜半蝗竟不來余恚甚仰天長歎以爲患難除矣適余有公事急返署途中沈思蝗微物也亦有知覺乃爾然彼旣有知覺吾不當以力取當以智滅之遂手書與紳耆諭以兵家偷營劫寨之法先於白晝蝗集之處用竹竿標記選智農令夜間四面排列而進以雙手於草杆中自下而上暗中捧取如摸魚蝦然並懸賞格以激勸之閱日差保禀曰蝗蟲無矣余曰捕完乎曰未捕余怒其誑已將責之差保跪曰官返署之夜風雨交作迅雷自西北來比曉農民奉命往插標遍尋不見蝗亦不知其何以去也後詢紳耆言與差保同余訝之曰異哉非神力烏能若是哉余感甚於旱禾收穫後重修神廟懸匾額陳俎豆以答神貺而四鄉紳耆僉曰公至誠所感也余曰否天下大矣凡水旱蝗蟲厲疫兵戈盜賊偶鍾於偏隅者皆人之自招也卽以兵論近日之蹂躪者孰非驕奢淫佚人心詐險之區哉吾虞之民尚節儉勤耕鑿有古醕樸風其免蝗災也或亦上天默鑒之乎吾願虞之民自今以往益敦廉讓力挽詐險毋恃一時僥倖而肆然自放也則豐

年可以常享災患可以永除不然天道甚邇欲求倖免不可得也若曰誠能格神余何敢貪天之道以爲己力乎。新增

十一年蘿巖以東山嘯夜聞兵戈聲不絶陰氣四塞彗星長竟天十月二十一日粤匪遂入境十二月大雪積五六尺是年斗米千錢民不聊生新增

同治元年九月二十七日雨雪三十日賊退十月初一日縣境肅清新增

八年六都雀嘴塘外有魚失水卧沙磧猪首魚尾色白而無鱗約重四百餘觔好事者鬻之放諸海或曰是海象

也新增

十年三月二十一日未刻暴風自西北起拔木發屋吹墮石坊河舟飛上岸新增

十二年閏六月大旱河盡涸新增

光緒三年六月蝗食竹葉蘆草殆盡禾稼無害新增

九年七月二十二日狂風括地屋瓦羣飛合抱之木皆拔潮水溢塘濵海居民有飢色知縣唐煦春照會邑紳經元善等於上海籌募捐賑濟用錢一萬八百七十千有奇。新增

十三年元旦雷秋冬久旱疫癘盛行新增

十四年四月訛言雞翼生爪食之立死民間殺雞殆盡秋大疫日未落即閉戶行路無人新增

十五年七月二十七日蛟水暴發衝壞塘堤廬舍橋梁無數八月至十月淫雨四十七日晚禾腐饑民四起西北鄉尤譔甚是歲浙東西同被水巡撫崧據實上聞設法籌賑先後派撥上虞　帑銀八百兩甯紹台道吳引孫復捐廉二百元知縣唐煦春會同紳士就地勸捐接濟西北鄉冬春二賑報銷用錢一萬一千五百餘緡動支積穀九千九百七十石有奇又邑紳經文親查貧民戶口核實散賑計錢四千二百餘緡粥廠及撫卹孤寡洋一千六十八元零以工代賑洋一萬三千三百十五元零錢四千四百餘緡。據縣冊

光緒十六年四月初五日雨雹麥微傷新增

右災異

上虞縣志卷三十八

雜志一

上虞縣志卷三十九

雜志

寺觀菴院堂殿附

等慈寺在縣治東一里梁天監二年邑人王圭捨宅建曰化民院後改上福禪院唐會昌間毀咸通元年重建後唐長興四年改上福寺宋大中祥符元年改今額後廢於火長老智策建山門嘉泰會稽志僧咸潤鼎新之慶歷五年邑人任元吉施緡錢百萬刻釋迦文佛像太常博士胡昉有記湻熙間頭陀鄭祖一復修視舊加麗東有鐘

樓靜夜鈴鐸遠聞嘉泰三年復修顯謨閣直學士樓鑰撰記明初毀遂不復葺正統丁卯邑人郭南重建山門萬歷乙酉正殿將圮令朱維藩葺治之丙申令楊爲棟命住持僧會司德慶重修且爲記庚子僧法澄於正殿後東西各搆齋堂數間乙巳令徐待聘拓大之萬歷志東西有寺衕爲界置寺房十餘間住僧收稅爲香火費寺後蔬圃方廣二十餘畝免役法產二十餘畝坐北門畈黎首字號明季爲豪右侵佔崇禎十五年僧會司石明宗訴縣令周銓斷還碑記署云自今以後除寺中舊管守田黎字號十一畝二分二釐地

化黎兩號十一畝三分五釐八毫五絲而外其前所侵没而今所清察者計首字號田十二畝一分零化字號地十六畝一分八釐三毫首字號池二畝二分二釐七毫五絲并寺側樓屋數間沿衢廛肆二十三間又拾主丁瑞符有字號田一畝九分四釐七毫悉歸寺僧永作寺產恪遵盜買盜賣之律案碑現存寺中舊志未詳附識於此　歲久山門圮　國朝朱令某捐俸重修殿後觀音堂三間低窄漸圮雲棲僧瑞峯改創後堂五間名演法堂另闢齋堂五間康熙志　咸豐十一年樓殿堂廡悉燬於匪僅存山門光緒十一年僧淩賢汾昌募貲建大悲樓五間材木則取於南山深隱菴新纂○按嘉慶志云寺舊有唐開成五年奚虛己書陁羅尼經石幢今在河南岸東首民家菜圃中據柱昫金石記跋云此幢在開成閒己稱寺不稱院則改

寺不始於長興
矣嘉泰志誤

諸林寺在縣東七里後唐長興三年建漢乾祐二年吳越給額有結界記洪武二十四年併爲叢林正統志正統後廢　國朝康熙初復建康熙志咸豐十一年燬於匪光緒十年朱履敬歲積寺產租息重建改額珠林新纂

智果教寺在縣東十里查湖西南道旁後唐清泰元年建名建福寺宋大中祥符元年改今額明洪武閒廢未幾復興萬歷志　國朝康熙閒邑令陶爾穟有免徭役碑記咸豐十一年燬於匪同治中寺僧淨桂重建新纂○宋陳堯佐詩

蘿巖山下寺靜境絕過從芳草二三月碧雲千萬峯窗虛明落日樓迥響疎鐘却恐重來晚庭前記偃松○僧時遇詩借榻查湖寺蕭然一老身青雲雖有志白髮不由人竹影虛窗月梅香小圃春故園多日別歸去恨無因

明因教寺在縣東十里正統志作一十五里地名竹橋俗呼竹橋寺石晉天福五年建正統志作三年吳越王於開運四年給額福泉院宋治平三年改今額志萬歷寶祐間僧壽昌智份拓大之咸淳六年僧敬重修孫嘉撰記按僧敬重修四字據四明山志增入元大德丁未燬延祐乙卯僧志林重建志康熙國朝雍正四年僧照空通源重建後殿舊有莊田百餘十畝雍

正十年項旭彰等請縣勒石開誌號畝邑令張立行有記乾隆四十七年縣令鄧雲龍以寺田八十畝撥入蕺山書院嘉慶十六年寺僧永茂蕩廢餘產咸堯一等稟縣令李岱追復并勒石永禁寺僧私賣今存田五十餘畝山三百餘畝咸豐十一年寺半毀於兵同治六年僧淨鏡募修新纂。宋朝奉大夫孫嘉記畧越之上虞距縣東十餘里有地名竹橋有井曰梅仙子眞嘗汲以鍊丹起自漢代考之圖經即今明因院舊號福泉剏於石晉天福五年至吳越王開運給額其地西接娥江之勝南通古剡之幽鳥瞻峯嵯峨乎其後蘿巖山揖遜乎其前左鄰白水右帶青烟山川之氣融結於此居然名刹也宋治平改賜今額迨寶祐開比邱壽昌智份革而新之迄余母弟儒僧敬早遊教海晚隱家山思所以善承先志開修門逕展拓規模棟梁宗㮰之撓折者蓋瓦級磚之殘缺者悉殫厥心力而更焉堂舍整齊廊廡修直實出於前後倡導之誠安知作於始者非今之前身襲於後者非前之再世心同則道合人傑則地靈既勤堅石以示將來歷千劫彌光矣余雖不敏重母弟之請不敢辭時咸淯六年四月八日明盧用徽詩明得因時還識果卻從明處問何因因果兩空明亦幻何須更覓紫金身

蓮峯教寺在縣東二十里山峯挺拔環拱狀若蓮花瓣元至元十年鄉人張沈何黃四姓捌菴爲焚修之所元統甲戌改名蓮峯聖壽寺待制揭傒斯有記明初廢正統後復捌康熙志。按嘉慶志云正統後改今名。元揭傒斯記畧會稽姚虞之岐山水逾秀百態層出其山自四明岧嶤起伏若萬馬駐坡勢可千里稍東顧見舜江導海若呀然當其鋒於是如怒而卻倉卒結束有不能自巳之態大者迅拔而起抗首出臆上薄晻靄小者如鶩蛇脫兎騈聚附落而猶黝黝昂昂拱顧不暇有曰蓮峯者巍如頫卓澤如玉溫盤如有容餘峯莫之若也里稱善人者四溥茂張氏志海沈氏立省何氏善修黄氏皆夙尚清靜謂是山以蓮峯名猶青芙蕖濯淤不染非吾等出塵拔俗之符契匡盧蓮社之表端乎道場不興吾負吾生矣乃湊貲力卜巖左而築焉經始於至元十年初蕞爾一廛蘇歲五閱稟無門開禪師薙染乃聯梵裓乃合心膂繼是土木之功日廣由至元戊寅訖元統甲戌五十有七年其間增飭改觀簣進不止於是丹塗碧甃鬱成寶坊四公校厥績則海居多其苦行利人一也嘗相與歌曰吾志不渝吾山不磨足以壽聖人於無涯因以蓮峯聖壽名其寺寺有田若干畝山與園若干畝誌諸別劵今住山曇瑩號皎然者非徒能持先人之盈而能起其子孫肆業於名教以光大戶閥繩繩厥徒且將接武於千載之下矣兹因玉庭筭公稱是山也徵記於余余意山之可狀者天下蓋莫可勝數不遭夫發揮之人耳維釋迦氏初未興起雖靈山亦無聞

於此今其聲教護武大千而黼黻永劫則靈山亦相待於無窮矣蓮峯在天地間荒莽不知幾千載一際梵剎之興而山始見稱於人山之靈且不昧固將鍾秀以世四公之裔其於靈山奚忝哉○明僧岱宗偈蓮本無峯峯若蓮亭亭疑是出西天四公結社薰修後共證菩提最上禪

海會寺正統志作海惠在縣東十五里按在縣東二十五里石晉天福七年建後漢乾祐二年吳越給鳳仙院額宋治平三年改今額明初廢萬歷志國朝康熙七年僧慧衡重建康熙志

慶善寺去縣十餘里嘉慶志云在縣東南宋景定初居人趙道員捐貲刱名慶善菴元時其師孫祖超白宣政院改爲寺明初廢僧併明因寺正統志○元方九思慶善寺環翠樓記畧越山水佳處匪特剡爲眉目謝

公嘗營始甯别業歲代遷更風期悠邈訪其地未得也嘗過許村之靈源與苾芻行青烟中十里所既踰嶺山遠而平溪清而繞憶昔遊有招提在青松綠竹間重扣之長老一初肅入茗飲升丈室登重屋四山如碧蓮葉扁爲環翠從倚移時有足樂者一初修香山事出宗譜以示蓋楊岐月林無門遺旨也有上人名大用者爲余歌招隱之章蓋其久挹清曠得之既深而心境不二矣愚於世味久如嚼蠟飛鴻爪跡亦豈有所著耶倘得金粟如來居此室談不二門天花燦燦余衣將不染乎我思古人實獲我心遂爲之記天歷庚午四月望日撰

東資聖寺去縣東南十五里石晉天福八年建名嘉善菴後了禪師改爲壽院宋大中祥符元年賜今額元尹林希元有記明初歸併明因寺正統志

延壽寺在縣東北一十里昔有僧文格回自高麗遊歷至

此置姚氏山𪩘普慈菴正統志宋咸淳中改今額明初廢萬歷志

崇福報恩寺去縣十餘里嘉慶志云在縣東在大查湖陰元大德中會稽崇勝寺春谷法師結廬爲崇勝莊後拓而大之名崇福蘭若教授許明奎撰記明初廢萬歷志

定善寺去縣東南里餘宋咸平初安法師與邑人周長者貝居士𪩘本名南塔寺紹興中莊簡公李光以守墓精舍在大雲寺因申明乞賜額定善厥後精舍已圮其子孫以定善之額移置此寺刑部李知退有記明初廢正統

志○元齊唐詩雁級指高冥遙瞻地域靈路尋滄海斷
山帶沃洲青施食翔禽下鳴鐘百鬼聽支公座無物香
篆白蓮經○韓性詩開人宴坐時大千入毫髮兩山不
受招胡爲在吾闍○胡助詩南塔前頭高閣上山光渾
是沃洲青夜來飛雨穿
窗入翠溼華嚴一卷經

化度教寺在縣東南十餘里石晉天福五年邑人戴蕆萬曆諸志作邵藏誤王瑨等請僧義謙建名雲漢院萬曆諸志作雲溪院宋大中祥符中賜今額明初歸併明教寺正統志

湧泉寺在縣南二十里正統志作二十五里漢乾祐二年建明洪武閒併入國慶寺景泰天順閒復興嘉靖末廢萬曆二十三年剏復萬曆志

栖仁寺在縣南三十里唐天福三年按唐無天福年號福疑作復僧行光建石晉天福七年吳越給額明初廢萬歷志國朝道光三年里人任邦基修復新纂

福眞禪寺在栖仁寺右乾隆十六年僧德峯剏建新纂

棲禪教寺在縣南三十五里四明山志云在下管唐開成三年建號錢溪寺會昌毁光化元年重建天復三年改爲錢溪羅漢院宋祥符元年改今額元明廢興者再國朝康熙間復興正統志○徐自任寺田碑記畧予束髮時嘗從家君訪古門上人於栖禪寺煮茗燒筍清談竟日後數年予卒業寺之東樓而上人已隻履歸矣其徒孫法參慧而好學梵誦之餘間與登樓而問奇焉今年

春予自京歸省甫旬日法參走告予曰昔師祖之來此山也翦荊棘餐風露者數年稍稍復田若干畝冀得滿五十則勒諸石以垂永遠齎志以沒今嗣爲之二十年田踰五十矣欲丐一言記之以終其志予思法參之爲此固以成其師祖之志者也夫釋氏之教以師爲父即以師之父爲祖則法參今日之舉善繼而善述即釋氏之孝子慈孫也負形而爲之人者誰獨無孝慈之良豈其於孝子慈孫之所留貽者聽其滅沒使削而不爲之守則此碑固足以守之矣遂書以貽之○明徐如翰詩梵香才罷卻支頤四顧山光紫翠垂牧唱樵歌皆適意清雲涇霧總隨時霜葵笑折清齋午澗水新添晝漏移更向最高峯處去欲尋柯斧伴殘棋

澄照教寺去縣南三十五里舊在官山西麓唐會昌閒毁後唐清泰中蔡珂等延欣禪師買徐旺山以石晉天福二年於甌峯重建號涼泉院宋大中祥符元年改今額

明初歸併上乘寺有張卽之書林鑾尤美匾正統志萬歷

開寺僧法玠重興有中興碑記新纂

乾符報恩寺在縣南四十里唐乾符三年建明初廢萬歷志

寶泉寺去縣南四十里唐大中七年建咸通六年賜額明

初廢　國朝康熙初復興康熙志咸豐十一年半燬於匪

同治閒僧靜芳修復新纂

太嶽廣福禪寺在縣南四十五里正統志作五十里劉宋時白道

猷尊者乘青牛降蟒及諸魔怪地也宋文帝賜菴卓錫

於此後唐清泰元年陳思益捨地拓建爲寺明初寺廢

僧入國慶寺景泰天順間復興至嘉靖初將圮住持僧法垣與其徒德慶苦行重修及復諸廢產迄今不墮萬曆志○宋白道猷詩蓮峯數十里修竹帶平津茆茨隱不見雞鳴知有人閒步踐其徑處處見遺薪始知百世下猶有上皇民開此無事跡以待疎俗賓長嘯自林際歸此保天眞

大覺寺在縣南四十五里康熙二十三年僧明覺建道光間僧清浩光緒九年僧靜芳與里人丁竺等姓修葺又一在十都蔡嶴新纂

寶蓋禪寺在縣南五十里唐廣明二年僧乾峯剏時有紫雲覆如寶蓋事聞於朝賜額明初廢萬曆志○按正統志云元尹林希元

有復田記

勝因寺在縣南五十餘里雙棋山旁石晉天福七年建本名永清宋祥符元年改今額明初廢萬歷乙巳重建萬歷志

西資聖寺在縣西南八里正統志唐咸通七年姜思進捨地建八年給額明初廢正德間復興萬歷志國朝咸豐十一年燬於匪同治六年僧蓮根靜清重修新纂

瑞像寺在縣西南十五里南鼎舊有古源院基唐末毀晉天福六年鄉人張軍用狀申吳越王復剏開運三年給

額瑞像院宋紹定中重建爲寺正統志舊有寺產八十餘畝被豪右佔據國朝康熙初查復康熙志○明陳縚詩竹徑連松圃山門乘水濆野雲陪鶴影落日轉牛羣石乳蒼崖墮巖泉碧澗分潛夫空有論姓氏與誰聞

奉國報恩寺在縣西南二十五里唐光啓二年僧清永建明初廢天順間復興寺後山顛有護國院萬歷志○康熙志云有下院

興教寺在縣西南二十餘里奉國報恩寺右唐乾符六年建本名建福天祐三年吳越改名象田宋太平興國九年改今額明初廢萬歷乙巳令徐待聘追復近寺沒產

命僧重䢖寺址故有廨石大可蔽一室相傳神運至此

名飛來廨萬歷志舊有寺田一百二十餘畝地五十畝山

一千餘畝國朝道光十九年劉振揚等以寺僧私賣

訴縣令龍澤澔追復并勒石永禁新纂。按黄宗羲四

明山志云象田古刹也自宋梵卿復興之後嗣祖法者相傳不絶已而陵遲無一椽之庇且數百年邑僧大本始遷於東偏重立寺

埳。明俞寅詩海上同來雨一蓑維舟又上象山阿不辭陡絶岡頭險直叩圓通殿裏過移出沈香原寶象翦成絳帛是新羅應憐薄暮

扶筇下餘興那能挽魯戈

廣教寺在縣西南三十里昔置官窰三十六所有官院故

址宋開寶四年有僧築菴山下爲陶人所禱華州節度

使錢惟治舠建爲寺名保安至治平三年改今額俗仍呼窰寺明初廢正統末復興萬歷志

國慶禪寺在縣西南四十五里東山嘉泰會稽志作五十四里相傳晉謝太傅故宅也唐元和四年安禪師重建正統志宋淳熙二年有神運廚石於此方闊丈許動則祥光現咸通九年賜額明洪武時改叢林萬歷志崇禎間爾密禪師重修康熙志國朝屢加修葺光緒間寺爲白蟻蝕圮十六年謝氏子姓復加修建新纂○宋李光詩永夜金莖下九天郊坰風物正淒然百年寶地空蕭瑟十里青山自接連局上笑談棋易勝坐中奇險句難聯定囘老演應相問淨社何時到白蓮○明徐如翰詩香

閣懸靑嶂經臺枕碧邱潮聲橫地捲帆影隔江收路迴靑苔滑林昏海色浮圍棋移竹影揮麈度溪流選勝惟攜妓臨戎詎借籌高名良足慕鴻業復誰侔遺像靈猶赫芳踪境自幽薔薇香滿洞春夜正綢繆

上乘教寺在縣西南五十里正統志作七十里鳳皇山麓與國慶寺祇隔一江東晉元帝即山爲寺有鳳飛之祥因封山曰鳳山唐代宗時從嘉猷禪師奏請賜名休光大善道場會昌毀大中五年三白和尚道全重建咸通九年更爲大興善禪院越州觀察使李郢書額宋治平三年賜今額元至元二十九年毀至正七年僧仁育剏復胡長孺有記明寖不振僅未毀墜云嘉泰會稽志及正統萬歷志

法果教寺在縣西南五十里石晉天福五年𣴴曰含珠院以山得名也閩僧從契嘗栖隱於此馮實始𣴴禪齋宋祥符元年范贇捐貲爲倡一新殿宇敕改今額正統志天聖二年沙門仲林撰記有交集晉右將軍王羲之書寺今廢萬曆志

梁湖接待寺在縣西二十五里宋時吳越王𣴴明初廢正統志

福仙禪寺在縣西三十里蘭芎山唐咸通八年操禪師闢菴爲寺元至元甲午僧道順改𣴴法堂山門大德五年

僧克文重建句章任士林有記明初廢成化間復興萬歷初漸拓大之住僧能圓留意禪宗每歲結期掩關習禪定萬歷志　後僅存遺址　國朝乾隆五十八年僧理清大本徹宇募捐修葺嘉慶志　嘉慶二十五年僧光教重修光緒十五年僧靜德續修　新纂○元任士林記畧會稽山配岱宗凡峯石穹窿隸是郡者皆絕勝虞蘭芎其一也大德七年春余以庶人在官讀書古虞氏之邦有僧克文來謁曰蘭芎山自天姥沃洲臂橫股直溝斷邱伏而來是爲葛仙修煉之地石井丹竈存焉今爲福仙寺始自唐咸通八年操禪師闢菴爲之爾杉童童植山門之陽如塔峙立鬱然古意經唐宋風雪物也前住持道順與其徒如杲志和始改作法堂山門若干楹時至元三十一年秋也大德五年冬克文與如杲志和捐衣貲之直且以其道惠夫人之肯

施者重搬佛殿山精駿奔海異颺集若齋庖廊廡方丈之居以次修舉院始完矣余謂山川偉特之觀且託夫仙蹤佛跡驚動怪異夫亦智巧之所營而善察幽勝者之所必錄如來氏以明心見性爲宗其道簡直易行也人心揜著之故多而禍福之說售故人之趨之也衆而其教之不替式至於今余固嘉文師之不怠事且樂茲山之勝故爲之書大德七年撰

智度教寺去縣三十里正統志云在縣西按在十一都拗花莊○舊有光相寺在黃茅嶺下晉天福七年遷於和尚山巔宋大中祥符元年改今額俗仍云光相明初廢萬歷志

旌教教寺在縣西四十里百官唐大順二年即古興善寺基建尋賜機證禪院額用素絹書之後唐同光三年吳

越錢氏易名重明宋天禧元年改賜今額高夢月有記元大德中易殿爲閣韓明善有記正統志明正統後漸微萬歷間復興萬歷志國朝嘉慶十四年重建趙琴有記光緒間僧境泰拓址增建新纂○國朝王琖題旌教晨鐘詩柝音未靜又鐘音門巷蕭蕭曙欲侵一角青山藏古寺數峯殘月掛疎林江船有客初醒夢僧閣何人正苦吟粟鹿鄉關塵已動幾曾打破利名心

聖恩寺在縣西五十里前江村康熙二十八年僧爾維建寺產有夜字號田十五畝零地一畝零後住持續置田三十畝新纂

指津寺在縣西六十里跨湖橋北明萬歷初創立指津菴
國朝嘉慶十五年連聲佩改建爲寺新纂
明教教寺去縣西北二十里後唐淸泰元年熊敬安建本名仙壽院宋祥符元年改今額熊儒士有記正統志明萬歷閒廢萬歷志
嘉福教寺在縣西北五十里小越俗名小越寺剏於唐爲福甯菴石晉天福四年賜額福祈宋湻熙閒改賜今額明洪武時毀萬歷初復剏萬歷志寺內尙存福祈禪院碑晉張孝先撰沈奎補稿○張孝先記道上虞西北四十里福祈峯下舊傳吳赤烏閒僧純一師化

其族李之所居爲伽藍號福祈院訖今鄉人尊稱一法華開山祖是石晉天福二年丁酉行湻師主玆山弟子無相自孫出也兄鎰鑑鎰以武職顯院廡偪仄倚山皆孫氏業相言於兄樂助形勝凡山之爲畝者三十有六地之爲畝者四東距院田南般院址上極其峭而高者維西下臨其坳而深者則北拔榛挈莽舡大阿羅殿猶神輸鬼運咸訖乎成之速復言於兄請諸朝四年已亥賜額福祈禪院順山名也嗚呼二師相去寥泂肇基拓業若合符節世之稱士君子者或羣聚而訾浮圖之說厥子肯堂肯播視相之舉爲何如純一師其有傳矣行湻師其有後矣繼繼承承爲國祝釐永永無疆而利益之及於檀施者其又有不可量議者矣猗歟休哉余屬與行湻師游俾識初末垂示將來不得辭是年臘月望日外友鎭海節度判官吳興張孝先撰并書住山行湻刻石四明

王仁鐫

戒德教寺在縣西北六十里唐大中十年民周元度昆弟

捨宅建咸通九年名義讓宋祥符二年賜今額教授徐一夔有記正統志明嘉靖末廢萬歷志

淨衆教寺在縣西北六十里夏蓋山陽石晉天福四年建本號見明宋治平三年賜今額劉武甯發英撰記正統志山頂有辰州娘娘廟康熙志○明錢艮用詩三月湖天客自過舊遊禪刹近如何山開禹迹神功遠潭長蛟涎雨氣多花底僧歸傳曉梵柳邊漁艇送春歌挂帆儘有重臨興空倚山窗拂太阿

福聖寺按萬歷志作纂風寺在縣西北七十里纂風鎮嘉慶志後周廣順元年吳越鄉官蔣欽等以嚴可瑛所捨之地建堂三閒額延壽宋祥符初易今名治平四年改建殿四角俱

雀舌升斗疊成甚奇梁上墨書時巨宋治平四年歲次丁未六月丁未二十三日己巳立凡二十二字政和元年餘杭靈芝蘭若釋元照有福聖院結界記新纂○記詳金石志

普濟寺一名空浦寺在七都西匯蕩明天順間勅建新纂○互見古蹟志

大林禪寺在縣西北七十里鄔樹村乾隆十三年建嘉慶二十一年重修新纂

報國寺在縣西北七十里淩湖村道光五年僧用參建光緒七年李茂桂募修新纂

普淨教寺在縣西北八十里塘灣村梁開平四年僧志化

建立草菴石晉天福七年賜額報恩禪寺開運四年燬於火宋祥符元年侍郎周穆重建賜今額明初廢宏治後復剏萬歷志國朝順治二年周日新僧鏡明增修新纂參萬歷志

法界教寺在縣北十五里蘭臯山陽唐天寶二年因利濟廟而建名利濟院寶歷元年徙基太和三年剏門樓院宇會昌二年廢後復興宋祥符間改今額明初併入長慶寺正統志萬歷乙巳僧明賢重建寺臨白馬湖故俗呼湖頂寺萬歷志○明陶望齡詩蘭臯翠峯攢精藍足遊喧湖光分彼岸樹色類祇園社結優婆塞經聞

般涅槃百年都夢
幻誰復戀塵緣

長慶教寺在縣北三十五里五夫市鳳凰山南市南大雲

鄉有永壽院唐會昌五年廢咸通二年雅師移置今所

蓋陳熹清捨宅也正統志名永壽寺其永壽院故址有塔

尚在宋大中祥符元年改今額𡿨懋李知退劉仁本皆

有記明廢萬歴志○潘思漢曰成化間寺多淫盜頽敗

書院未就遂有王鑑阿劉瑾以貪官毀寺圖謀非常等

事奏帝旨准審勘而鑑坐誣以憂病死其寺與書院亦

遂並廢後奉詔將廢寺改建道學書院復於其地重建

月林書院未久腐朽官不修葺并寺田地盡變民產後

佛教復興漸次得地草創

一舍至萬歴間遂成今寺

法華接待寺在縣東北嘉慶志云縣北四十里○按應作三十五里長慶寺左宋末僧師尹剏招接四方雲水故名明初廢國朝康熙辛亥二月僧恆靜重建康熙志並置産場字號田四十餘畝舜水鄔景從撰記嘉慶志○按寺後殿有藏經閣僧文藏所建

雲麓報恩寺在縣北五夫市西山實王氏廢菴元至大中法果寺僧竹泉與其兄西竺叟磬衣鉢改剏明初廢正統志

右寺

明德觀在縣東門外宋甯宗后父楊漸故宅也子孫以爲

聖后誕育之所不敢有其居嘉定壬午改築三清閣命鹿泉劉眞人大弟子沖和先生劉道楫主之六傳至凝妙大師丁義堅當元至元甲申改閣爲觀額曰明德大德庚子毀惟閣存焉凝妙搆復按元任士林記云隸觀之田爲畝一百三十有五山爲畝一百七十有四地爲畝一十有九有司免租入在常住明初嘗鼎新之萬歷十四年令朱維藩命道士夏以仁重修并爲記實一邑都道場所萬歷志　國朝咸豐閒毀於匪光緒九年許寶福劉升墀俞藝積歲修葺復建鎮武殿五間新纂○明令朱維藩記上虞縣治東郭外有明德觀相傳爲楊冀王故宅後即其地爲香火院云楊冀王者名次山宋甯宗后兄也

觀建於宋火於元國初復新之歲月既久日就蕪圮予來尹是邑顧瞻太息爰命道士夏以仁亟修之助以公帑廣其門楣闢其堂皇曾未踰時頓然改觀每一至止但見百雲拱前五癸障後西望溪湖一碧千頃東觀浮圖文峯插天雲霞變態蒼翠交加不特為清虛之上界實城市之靈境也惟楊氏在宋封國尚主富貴絢赫一時稱隆今其所遺花園惟青青一草邱而已茲幸託諸清修家而宅以名存其為楊氏所藉者豈淺淺哉誠不得以他宮觀例視也抑聞之茲觀之始主其事者為鹿泉劉真人繼其事者為沖素郭元逸深明道教卓為名流故其觀得以相延永世嗣茲以守觀者誠不可不知所慎矣嚴爾戒行甯爾室廬庶不負若主加修之意也哉

元妙觀在縣治西南一里金罍山巓漢魏伯陽故宅宋大中祥符二年詔敕天慶觀元元貞初改額元妙然邑人

止稱金罍觀云元末毁明成化八年令黄錦屬明德觀道士葉廷歇重建正德丙子其徒范洞澄復葺殿前置二石亭一樹碑一覆井謝丕有記萬歷間碑亭圮　國朝康熙間復建嘉慶五年王煦等募捐修葺參新舊志咸豐十一年燬於匪同治十三年邑廟僧淩賢與本觀住持西降募貲重建並於觀之西建玉皇閣五楹光緒四年告竣新纂○明謝丕記上虞元妙觀在縣治西南一里許漢魏伯陽故宅也晉太康中得金罍於井因以名觀宋改天慶而元妙又元所改我朝因之然人猶稱金罍重始也成化間道士葉廷歇者嘗新之作堂三楹翼之以樓前有甃道環植松竹地因加勝正德丙子其徒范洞澄復事修葺鼎建二亭於前一以覆井一以樹

碑不逾年而改觀洞澄迺請記於余余惟伯陽修眞妙用具在參同契一書實啟還丹之學與周易理通而義合自晦菴朱子考釋之後而是書始不爲吾儒所棄觀其言蓋賢人君子之流不可概以神仙目之也慨自古賢人君子故宮舊宅湮没於草莽者不知其幾而琳館梵宇乃金碧煇燿在在無恙亦獨何哉若此者以吾儒律之廬其居可也以是而律之伯陽烏乎可哉噫伯陽其不幸羽化而去而不得以賢人君子自白也其亦幸而託諸神仙而名以長存宅以永固也後之人其尙體洞澄之意勿隳也哉○元余元老詩閒步蒼苔一徑通白雲深處是琳宮已知丹鼎歸天上那復金罍出地中井漾寒泉猶夜月山圍古木是秋風滄桑變幻知能幾且向樽前醉老翁○明朱袞詩端居猒糾紛興懷拾小草仙凡豈殊方人境有別鳥石搖靜年芳羽毛跡如掃緬懷少小遊佔嗶事文藻倦遊安古棲頻過知幽討音徽拭松風鶴唳和穹昊銀緋是何物雲霞本娟好我非金石姿誰謂抽身早焚香玩參同無憂泊華澔○陳炫詩仙居迢遞枕城西古路縈迴過碧溪丹井已空蒼蘚

合石壇猶在白雲迷淸霄遼鶴無人見落日山猿抱樹嘯更羨郡侯能弔古紫騮踏徧落花泥○章宏仁詩丹室春長在瑤臺夢亦淸鶴歸松樹瞑人卧洞雲横鼎熟胡麻飯香調石髓羹況逢賢羽士欲與學長生　國朝陳邦泰詩一笠虛亭罩夕陽井丹飛起蘚苔蒼到門花氣迎人醉夾道松風過雨涼雲外不聞仙犬吠座閒猶接酒杯香昔年山墅今城闕欲覓方平話海桑○何元淯詩金壘舊觀漫林叢天靜雲閒今古同入室煙霞爲道侶到門雞犬有仙風高低城郭人非昔窈窕溪山水自東惆悵伯陽何處去尙留丹井記神功

元貞觀在縣西三十里百官龍山西麓洪武初道士王一淵剏嘉慶志

雲臺觀在縣西六都雍正十二年建新纂

右觀

菴院堂附

巽水菴在縣南百雲門外迎南山之水當邑治巽隅故名萬歷三十年胡令思伸搦以斡旋風氣邑人尸而祝之萬歷志

萬壽菴在縣治南吳宅橋下明嘉靖閒黃鸞建　國朝咸豐十一年毁於粵匪光緒十六年曹端妻王氏重建新纂

永祝菴在縣治北門內俗呼北門菴舊名定華已廢　國朝康熙四十八年女僧照本草創其徒定慧改造正殿易今額乾隆四十二年定慧徒孫靜龍復廓大之並置

田產邑令鄧雲龍撰記勒石新纂

寶蓮菴在縣治東里餘俗呼等慈後菴康熙五十六年邑章氏婦法名普修剏建咸豐十一年賊燬同治十年女僧悟性募建新纂

蓮碧菴在縣治東南里許俗呼新菴嘉慶七年張美勳繼妻鍾氏建後燬於粵賊同治十年住持清英募建大殿三楹及東廡光緒十五年住持進行續成之新纂

碧蓮菴郎章駄殿在縣南門內順治間女僧照本實相剏建同治五年住持道德等重建新纂

深隱菴在縣南十里百樓山大雷尖下宋咸淳間雲約禪師與其徒無隱香禪師肇建元至元間有鄭江董公捐貲拓之明洪武間徙建於故菴之左嘉靖七年葺萬歷志。車純詩岳峙天南迴不羣四時蒼翠色絪縕峯迴右院松門靜路界飛泉石棧分絕頂下窺滄海日二樓高駐太空雲舊來遊屐原無恙笑語山僧到夕曛。吳祖詩百樓在空翠輿來聞獨上解衣成盤桓愛此巖扉敞松風生夏寒石磵奏靈響誰知寂寞濱暫爾遂幽賞美人今不來悠然起遐想

中隱菴在縣東南十八里正統志深隱菴右元至正十七年剏萬歷志虞有三隱中隱爲首龔山禪師修建康熙志。明葛臬詩遲日愛尋芳流雲洞口長山幽多古意野霽儼新粧白髮憐春事黃金買醉香酣歌未言返花塢易斜陽

白洋菴在深隱菴左明永樂間剏尋廢萬歷元年僧性朝重剏萬歷志咸豐十一年賊燬同治間重建新纂

白水菴在縣南十里百樓山西崦元至元初紀鄉人唐胡二氏舍基破山雷師始剏後至元庚辰萬歷志作二十九年○按元順帝至元六年庚辰次年辛巳即改元至正萬歷志所云二十九年是世祖至元壬辰相去五十餘年疑誤其徒安公拓基重剏明永樂初達公又斥而大之郎中葉砥有記正統志嘉靖間撤其材爲奎文閣萬歷志國朝乾隆間女僧普午重剏邑人王煦有記新纂○王煦記畧縣治南鄉百樓山之西舊有白水僧寺寺側有瀑布飛瀉如匹練形山人呼爲白水因又名白水寺至國朝復廢鞠茂草者幾

百年有女冠羅王氏雅志好修先在城北永祝菴出家法名普年嗣於乾隆癸巳年即在白水菴廢寺基結茅梵修閱數年興造大殿三楹供奉觀音大士法像添蓋東西兩側披屋又以餘貲置買商字臣字等號田地山蕩以爲常住菴産雖殿宇粗構規模淺近然溯其披荆刈棘孑身刱建誠不易也

鎮東菴在縣東五里許康熙間車旂建咸豐十一年賊燬光緒十五年車怡軒重建新纂

慈雨菴在縣東起鳳山下康熙間車旂建新纂

萬慶菴在縣東八里乾隆十九年錢必美刱建捐羌爰字號田地十畝零咸豐十一年賊燬同治九年錢思巖繼妻章氏重建捐宇首字號田地十畝零又張瑞源捐章

字號田一畝七分六釐 新纂

林隱菴在二十三都曉山僧觀相建置竹字號田十六畝

基地四畝五分 康熙志 咸豐十一年賊燬光緒六年女僧

趙學成募建 新纂

羅菴 康熙志作蘿菴 在縣東南二十五里宋至和元年建 正統志

國朝光緒二年重修 新纂

東甯菴在縣東橫路村康熙三年建爲張來四妻陳氏經

堂 新纂

雪峯菴在縣東二十五里明嘉靖閒里人張陳兩姓建 新纂

太平菴在縣東蒲萄嶺下順治間建新纂

建隆菴在縣東南二十餘里乾隆十年建新纂

永慶菴在縣東十七里嘉慶三年里人丁永順募建咸豐十一年粵匪燬光緒六年丁金鎔經理重建有菴田十一畝零新纂

永濟後菴一名婁家閘菴在縣東十里雍正九年萬邦懷修永濟閘於閘右建菴以司啟閉同治元年粵匪燬光緒六年萬士晉重建新纂○按碑記作萬德新

永錫菴在縣東十五里盛子湖乾隆間萬邦懷捌建并置

菴田二十八畝零光緒七年萬士環重修新纂

清隱菴在縣北十里蘿巖巔元至正二十三年建明誠意伯劉基題額釋心泰撰記嘉靖閒僧眞濟同徒如鏡重修萬歷志　國朝光緒十五年僧清懿募捐邑人徐學良妻沈氏復修又一在二都曾家畈乾隆十三年張姓建新纂

○明釋心泰蘿巖清隱菴記畧古虞氏之邑介於兩山閒其崢然比峙者蘿巖也元至正末有僧德清自餘姚來觀茲山奇迺造其巔周覽之喜曰眞吾所居也於是以笠爲居以石爲牀以松爲食以澗爲飲安身自樂人聞其精進不懈施者稍至邑人張允恭首捨草廬爲禪誦之所張伯玉等又捨山二百餘畝爲營菴之地尋有材木之施錢穀之施者德清乃撤草一閒翼以兩舍視舊有加既而心隱克繼其志化風尤著以故道侶

自遠而至近無所不容心隱乃謀廣其居未遂願志會吳之謝賈玉禹至捐己資和者踵至洪武十四年十月一日革而新之做其前而軒其後左庖湢而右禪室昔之茅者瓦之荆者板之甃徑以石畚礫爲圃鑿石爲沼佛像鐘磬幡幢經卷無一不具晝誦夜禪晨香夕燈無少間斷榜其菴曰清隱時淨昇法密道宏及允恭相之甚力此皆余所見而知之者故不辭爲之書心隱號碧巖四明人時洪武甲子十一月○明徐惟賢詩頭白歸來始一攀晝屏終日對南山諸天迴出藤蘿上萬象都收巖壑閒龍卧碧潭常曉出鶴隨錫杖倦飛還卻思五十年間事閉戶傳經未叩關

法臨菴在清隱菴北康熙志

圓覺菴在蘿巖前明萬曆閒剏萬曆志

福慶菴在圓覺菴北僧三印建康熙志

西白菴在縣東南僧闇然建康熙志

大悲菴在蘿巖山下康熙志　縣東北四里許元淮東制置大使北溪俞公別墅因卜葬俞大山遂捨爲菴其子姓省墓息焉　國朝咸豐閒毁俞廷偉俞藝等重建新纂

下大悲菴在縣東墨斗山下剏自前明　國朝咸豐十一年賊燬光緒十四年陳姓重建新纂

永福菴在縣東永福橋西岸康熙閒戚姓剏建嘉慶中重修咸豐十一年賊燬新纂

全貞菴在縣東新通明北岸雍正閒女僧成貞剏建光緒

十七年碧蓮菴住持淸賢仁意重建新纂

伴月菴在縣南薑山麓明時僧子敏結茅於此　國朝康熙二十一年僧廣利建菴年久傾圮又遭兵火同治閒僧本顯募貲重建新纂

雨化菴在縣南章埠市中爲前明謝氏家菴新纂

南陽菴在縣南十五都阮莊　國朝康熙五十年里人葉茂芳建並置田十二畝嘉慶志

十方菴在縣南十五都阮莊　國朝康熙二十九年僧德祚募捐搬建嘉慶志

法華菴　永福菴俱在縣南西澄村創於明萬歷間同治元年並被兵燬十年王世喆等一例建復新纂

秀峯菴在縣南六十里秀峯山右明末建嘉慶間僧法裕募修新纂

水濟菴在縣南六十里道光間王琴德建同治元年兵燬新纂

清源菴在縣南蔡宅蒙頭山下康熙間僧寂源剏建燬於粵匪僧宏禪重建新纂

永凝菴在縣南石溪雍正四年里人陳子英子仁建新纂

大方菴在縣南蔡宅村乾隆五十八年僧濟宏與蔡姓募建新纂

紫月菴在縣南十七都　國朝康熙間建康熙志

象鼻菴在縣南河頭村順治間鮑嶴貞女鮑靜孫建新纂

大樣菴在縣南二十里元至元六年建正統志

彌陀菴在縣南二十餘里冠山嶺右僧超凡建康熙志

甯蜂菴康熙志作甯峯嘉慶志作通峯在縣西南謝嶴去通濟菴十里許明嘉靖間剏會稽陶望齡題額萬歷志

聖濟菴在縣南湖溪村北明丁秉禮剏建光緒三年重建

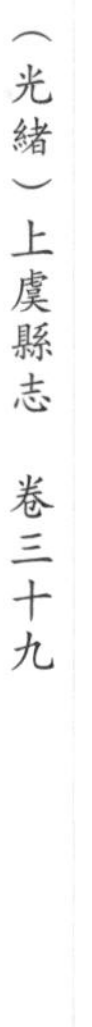

新纂

萬聖菴在縣南湖溪村西明宏治間丁照妻陳氏刱建道光八年同治六年重修新纂

來鶴菴在縣南馬家嶴宋末丁恩顯葬此其子孫建菴守墓新纂

新攻橋菴在縣南橫塘嘉慶十八年嵊邑俞永康修橋并建菴於橋右燬於粵匪光緒十四年重建新纂

惠豐菴在縣南西山下村創自前明乾隆五十四年里人公修同治七年復修新纂

關嶺菴在縣南關山嶺上明湖溪丁氏𠞊建乾隆十四年重修新纂

啟文菴在縣南橫塘塔山上乾隆二十五年湖溪丁氏建新纂

廣濟菴在縣南楊橋明丁秉禮𠞊建新纂

碧玉菴在縣南湖溪村西明丁錫蕃建光緒十五年重建新纂

如淨菴在縣南六十里正統志作五十里太平山元至正二十五年建俗稱苦竹菴萬歷志　國朝乾隆五十四年重修新纂

慧日菴在縣南六十里蟠雲峯萬歷甲午僧廣歷建萬歷志

國朝嘉慶十六年王可進重修同治八年王顯寶改

建新纂

雲嶽菴在縣南通澤大廟後明正德二年建新纂

象田菴在象田嶺西奉大士像祈禱輒應相傳即興教寺

遺像也萬歷乙巳僧智海建以憩行旅名上象田菴萬歷

志後廢國朝同治三年僧靜芳重建新纂

法雲菴去縣二十餘里象田絕頂元至正二十五年建萬歷

志

雪水菴在縣西南十里西溪象田山谷間林木深茂雅稱禪棲明嘉靖初建萬歷志

通濟菴在縣西南王念佛嶺邊去象田菴南十里明萬歷初建萬歷志

永鎮菴在縣南谷嶺乾隆三十二年史在儒妻任氏建新纂

萬福菴在縣南溪南村明崇禎初徐景麟建新纂

慶雲菴在縣南上山頭康熙間謝氏建新纂

連峯菴在縣南徐邵灣村東乾隆初阮宗名建嘉慶元年子世龍重修并助田地山十八畝零新纂

東山菴在縣南管溪村東明永樂間徐完山建並置田二十畝山二十餘畝舊名結草菴明末翰林學士徐復儀殉節處燬於粵匪同治間重建新纂

西山菴在縣南管溪村西　國初徐姓建徐拱北祭助基地八分零乾隆四十八年重修徐自俶助發字號田五畝徐貢九徐聖瑞徐予甯徐慎庭共助發字號地四畝五分零道光間住尼能通復置罪發等字號田地共十畝四分零新纂

北山菴在縣南管溪村北俗呼嶺北菴康熙三十三年徐

復來建並捐田三十一畝零山五十畝新纂

龍角菴在縣南龍角山麓乾隆間徐之驊建有發字號菴田五畝七分零山六畝九分地一畝二分歲久菴圮光緒九年徐升墀改建新纂

泗水菴在縣西十里康熙志

普濟菴在縣西二十餘里內梁湖驛道旁明萬歷初建萬歷志

迴龍菴在縣西三十里外梁湖鎮上明萬歷初僧眞忠建其徒如霑等募置田一百八十四畝零係薑芥鱗翔賓重果李等字號

常充接待十方悉留東朝大士者必於此暫憩日供行脚以千計邑大夫咸嘉之歷免徭役明錢令應華有記參新舊志○錢應華記畧始甯名刹爲余車轍所到者西有蘭芎北有蘿巖南有鳳鳴眞人洞其餘諸刹或可聞不可見大要僻處奇勝幽雅尤絶供名人韻士尋芳擷勝之具常住比邱亦且焚香淨宇受自在清涼福膏腴租稅之入政如民間以爲己有而已未有若菴之獨當律要往來利濟不憚一己之勞以釋官家之戾者也夫衆利其濟而弗優其恤使東於諸刹比邱余則過矣因進邑之縉紳先生與父老議僉曰菴有田百十餘畝是師偕其徒如霑四十年來貸萬衆緣以緣萬衆者也田之置十方檀施德耳菴不任受稅之入十方衲子供耳菴亦不任受一切徭役差遣願懇永遠優免以稱朝廷簡書崇賢報功之意而因見令周知民間利害勞逸咸與平施不亦可乎余唯唯稱快呼僧靜慶諭之日差役捐之公家則田非爾所得私自今日始有私自貿易

民間者法以治之爾僧衆亦宜仰體官家優免盛心兢守祖僧戒律毋或滋罪戾僧唯唯快甚叩首請記以誌不朽○明邑令吳士貞詩秋老楓林醉似桃星軺間俗駐江皐千村黃稻喧雞犬幾處新芻薦蟹螯海甸肯教深化雨津流應自息驚濤惟餘行旅嗟勞止何藉空王利一毛

九龍菴在縣西三十里龍山下明萬歷乙巳邑人陳仕捐貲剏龍山磴道故逼窄險阻行旅多困風雨晦暝之夜尤甚陳爲開鑿寬廣往來便之萬歷志　國朝咸豐十一年邑人王桀俞泰沈初昇募貲葺修邑令胡堯戴撰記新纂

普度菴去九龍菴五里許百官下剏於明萬歷間　國朝

順治二年住持懷璸重建康熙志

永澤菴在縣西二十里朱公祠側阜李湖民建以永被朱郡守芹張郡守三異鄭令僑德澤故名並置田一百六十四畝地十九畝山三百六十六畝有奇住僧收花輸稅以作修葺大閘蔣家閘大板閘及閘夫啟閉遇旱暵沿湖十八堡居民輪流守望諸閘飯食等費咸取給焉

光字田共三十二畝四分七釐五毫五絲重字田共六畝六分三釐六毫六絲芥字田共四畝八分九釐七毫五絲姜字田共五十五畝一分二釐一毫九絲鹹字田共五畝七分三釐八毫二絲河字田共二十八畝五分六釐一毫淡字田共十九畝一分三釐二毫鱗字田共一畝四分一釐四毫育字田共一畝二釐二毫平字田

共九畝九分五釐三毫光字地共十一畝一分三釐五毫姜字地共三畝五分三毫育字地共四畝四分四釐平字地共六分七釐八毫姜字池六釐光字山共二百十八畝芥字山共四十六畝八分二釐姜字山共九十八畝六分五釐育字山共三畝六分歲久菴圮乾隆間僧士彪完葺並將山門拓大之嘉慶志道光九年知縣詹璧立石菴中光緒十六年知縣唐煦春奉府批勒石永禁署曰案奉府批據詳永澤菴田產仍歸該菴住持僧普潤照舊管業收花承糧外人不得妄生覬覦把持爭奪並由地方紳士稟縣註冊以杜其變賣之漸倘屬允當仰即如詳給示勒石遵守以垂永久並將碑摹搨送備案等因嗣據該僧稟府批縣又經據實具詳並據該僧普潤以碑石已備節次稟叩簡明示諭爾等須知永澤菴遺產無論紳捐僧道均歸該僧照舊管業收花承糧外人不得藉端滋擾把持爭奪住僧亦不得私行變賣云云光緒十六年十月○新纂

薝蔔菴即蓮漪菴在縣西朱公祠西北道光七年僧心空創建大殿三楹同治丙寅癸酉住僧寶興勝傳與其徒慧明增建光緒十七年住僧功在福堂重修大殿並添建兩廡新纂

下菴在縣西蘭芎山下嘉慶十八年僧大本建新纂

淨土菴在縣西梁湖鎮康熙二十五年建菴旁有義塔曰普蘧廬新纂

永鎮菴在縣西梁湖鎮嘉慶十年建新纂

鎮龍菴在縣西前江康熙間建新纂

日觀菴在縣西前江舊有田二十八畝零道光二十八年邑令陳備恪改菴爲塾揭菴田入畝爲香火之資并題額光緒九年颶風大作正殿壞十一年重建新纂

靈感菴在縣西倪家堡嘉慶二十年倪端建本名倪氏經堂光緒十六年重修新纂

寶貞菴在縣西北六十里嵩鎮北僧徹虛建康熙志

雁步菴在縣西九都明萬歷間剏萬歷志

華澤菴在雁步菴東康熙志

映水菴在縣西嵩鎮東俗呼鎮東菴明天啟元年俞心宇

等䢜始順治十六年僧聖初元章重建新纂○俞得鯉記畧明之天啟元年有青囊家言西水東瀉關一鎮非輕議障水以爲墩時水利甚嚴未果里人俞心宇等共達諸縣縣許可彙俞何朱顧李翕然畚築而墩遂以成上僅搆茅屋數椽而已明年易以瓦木一二貧衲亦草率居之而未理也崇禎元年海潮大入壞村廬有僧隱峯繼峯自保塘菴挈裝來歸里之長者以是菴令之居兩僧繕葺牆垣增修佛像遂駸駸乎有起色顧其室湫隘議以舊宇而更大者蓋已有年亡何兩僧既化其弟子聖初元章孤淸廉介居十餘載聚日夕之苦得外方經識之資近百金戊戌奮然興作環水週治以石石成己亥遂議建前後兩殿及兩廡

而請序於鯉

藥師菴在縣西北九都乾隆十年呂郁桂建新纂

普濟菴在縣西北呂家埠塘內道光七年建新纂

甘露菴在九都塘外沙地康熙六十一年趙謝氏建新纂

保塘菴　西洋菴俱在縣西北六都萬歷志

漾塘菴在飛字號塘上康熙中知府俞卿築塘親涖監督搆屋三楹爲憩息之所塘成改爲菴道光十九年里人王運籌重建新纂

青華菴在六都四里乾隆十七年陳子奇建新纂

萬聖菴在縣西北西洋湖村創於明季　國朝乾隆五十四年重建新纂

孝義菴在六都明季俞建三妻郭氏建　國朝康熙元年

重修乾隆十九年郭邵氏重建新纂

蘭濟菴在孝義菴側創於前明　國朝嘉慶七年重建新纂

正果菴在縣西北七十里達浦　國朝乾隆四十三年鍾

天佑女鶴姑建並置田九畝嘉慶志

西竺菴在縣西北滌澤村康熙五十三年任姓公建新纂

所心菴在縣西北瀝海所菴居城心故名明洪武九年建

國朝乾隆五十二年重修新纂

檀波菴在縣西北瀝海所城中順治五年建道光二十六

年張盤書重修新纂

五香菴在縣西北瀝海所城東朔於順治八年道光二十一年重建新纂

彌陀菴在縣西北瀝海所城東北康熙四十八年建光緒十年趙如松重修新纂

甯海菴在縣西北瀝海所城東舊名普勝雍正五年易今名同治七年住尼廓生募貲重建新纂

東勝菴在縣西北瀝海所城東乾隆二十九年金福全董建新纂

報本菴在縣西北瀝海所城南嘉慶二十二年陳慶中建

新纂

太平菴在縣西北塗頭村康熙六十年僧姜太和建乾隆四十七年朱國琳重修新纂

福勝菴在縣西北下洋村嘉慶十八年建道光十八年余錫祚王邦榮重修新纂

普濟菴在縣西北港口村康熙間建道光二十七年王南槐重修新纂

錦福菴在縣西北港口聚錦橋西南乾隆十三年女僧道法募建同治六年邵棠重修新纂

域水菴在縣西北後村雍正十五年羅歷一建新纂

福慶菴在縣西北樟樹村康熙五十一年王清蓮建新纂

鏡蓮菴在縣西北賀埠村康熙間建乾隆四十年陳文孝重建新纂

永勝菴在縣西北孫家渡乾隆二年僧大音翔建新纂

興林菴在縣西北林中堰乾隆三十年王瑞章李士元募建新纂

永甯菴在縣西北前郭瀆村乾隆六年陳景六建新纂

祇園菴在縣西北淩湖村康熙二年建道光四年女僧靜

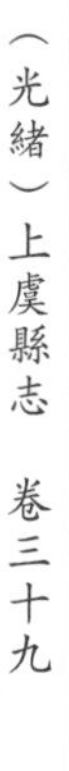

貞募修新纂

百華菴在縣西北朱邵村雍正十一年建同治九年張鏞等募修新纂

虔誠菴在縣西北譚村乾隆間建道光二十年譚廣信募修新纂

通濟菴在縣北白馬湖石堰乾隆二十年趙維羆建招僧入居之管守塘閘知縣方維翰有記沈奎補稿

白雲菴在縣北曾家跳　國初張姓建光緒十五年重修新纂

鹿苑菴在縣北三十四里沙袋嶺下明嘉靖間羅康讀書處後捨爲菴并置田十畝新纂

廣甯菴在縣北三十七里大廟羅村乾隆十六年羅學爾建光緒五年重修新纂

鎮地菴在縣北東羅村刱自前明　國朝乾隆三十五年羅際隆捐修嘉慶九年重修新纂

永福菴在縣北朱家灘村東乾隆十六年胡允蔭妻羅氏刱建二十六年吳思齊妻陳氏增修一在九都蒲村雍正時建又一在二十一都向盧村乾隆時盧姓建新纂

太平菴在縣北破岡畈北康熙三十五年建新纂

永錫菴在縣北四十五里捌於前明　國朝咸豐十一年賊燬同治閒倪羅兩姓捐建光緒六年僧光國續成之新纂

東林菴　集福菴俱在縣北四都明萬曆閒捌萬曆志

九華菴在縣北四十里徐村東明徐樫創建　國朝道光初燬二十六年徐銓徐鏞重建新纂

苦節菴在縣北橫山村東嘉慶閒節婦陳文安妻史氏捌建光緒三年陳渭重建新纂

定淸菴在縣南十五里上舍嶺南元至大四年建菴有二上菴嘉靖間爲勢豪所佔萬歷間錢大莊捐貲贖回僧如能重搬下菴僅存遺跡萬歷志 國朝光緒十二年重建新纂

靈鎭菴在縣南向盧村西城隆間盧姓建新纂

甘露菴在縣南路口街明萬歷間錢盧兩姓同建新纂

寶月菴在縣西南南嶴 國初費湯日讀書處康熙間女僧時增徒月生搬建爲菴並置田二十餘畝新纂

素淸菴在縣西南南嶴道光十二年賈姓建新纂

大雲菴在縣西南五十里元至元四年建正統志

福泉菴在縣西南黄茅嶺上康熙時建下有潭曰福泉潭新纂

龍田菴在縣西南四十餘里窰寺之東東山之右其地先名蒿芝僧柏子建康熙志

緑堂菴在縣西南約三十里明萬歷間建萬歷志

善慶菴在縣西南大善村明嘉靖十六年虞守聞建道光二十三年虞啟雲重修新纂

惠濟菴在縣西南下湖浦口近江側往來通衢國朝康

熙間有丁錫蕃者捨基地一畝六分建菴復捨田五畝以爲造船濟渡之費康熙志

先覺菴在縣西南門外生員陳開英同妻石氏建並捨朝字號田十畝園地三畝康熙志

勝宗菴在縣西南陳嘉會妻俞氏建即朝字號住基康熙志

凝峯菴在縣西南六丁峯下元季僧佛安卓錫於此結廬修眞俗呼念佛菴萬歷初僧大覺拓地剏建額曰甯祚

國初僧瑞源置產增修改名甯峯咸豐十一年燬於兵光緒元年僧定彬農樵重建易今額新纂

附廢菴

善住菴在縣東二十五里元至正十八年建明廢正統志

雪峯菴在縣東二十五里明嘉靖中張陳兩姓建今廢新纂

善應菴在縣東南二十里元至正二十六年建明廢正統志

板橋菴在縣南七里元至大三年建明廢正統志

南山菴在縣南十里百樓山大雷尖下元至治元年建明廢正統志

眞一菴在縣南十五里元至元二十四年建明廢正統志

厚金菴在縣南五十里卽寶泉寺別業宋嘉定六年建久

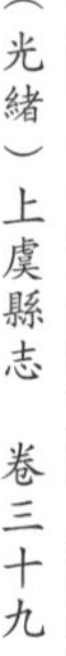

廢正統志。按萬曆志作十六年

南麓菴在縣西南三十里宋咸淳元年建明廢正統志

石屑菴在縣西南四十五里元至正二十六年建明廢正統志

普惠菴在縣西南五十里元至正二十八年建明廢正統志

梅麓塔菴在縣西南五十里郎法果寺別業元林尹有記明廢正統志

積慶菴在縣西北三十五里當夏蓋白馬上妃三水之間元至元二十三年百官俞晾妻孫氏與子應祥捌貲產

悉歸供歲計後應祥子了山與妻貝爲僧尼元統三年扁今名明洪武十七年其弟子本智又拓而廣之正統時廢正統志

按虞邑菴院所在林立舊志嫌其繁冗多從闕如此次採訪尤夥詳畧互異兹擇其剏建時代可考者一例編入餘從刪

右菴

學古道院在縣東門俞家衕北宋經畧豐雲昭故宅其子通判大眞因其堂名改爲道院請明德觀道士丁禮常主之正統志

悟眞道院在縣東忠諫坊内邑士趙崇梯别業其子必瀟

爲黄冠元至元庚寅捨爲道院正統志

通明院在縣東明德觀右元至正中邑人費喆買趙氏廬

爲觀音堂後改今名正統志

護國禪院在縣東二十里賀溪明天啟間建翰林諭德陳

美發題額新纂

西湖景福道院在縣南長者山下元至元戊子縣尉張興

捐俸助粄命道人周炳顯看守後延道士丁禮常主之

正統志

定清院在縣南十四里元至大四年建明初廢僧併等慈寺正統志

寶貞禪院在縣西嵩鎮中市北明末建歲久傾圮光緒二年俞姓捐修易額保鎮新纂

東教院在縣北長慶寺門東宋元豐中僧圓明建明初廢正統志

曇德禪院在縣北五夫里明萬歷間知縣潘灼之妻汪氏建供奉曇德禪師故名院有鐵鐘大磬各一天啟二年鑄五夫志

積善堂正統志作種善堂　在縣北二十五里橫塘廟左鄉人前鄞學正陳夢祥平生樂善喜捨因妻嚴氏久病目乃與男清獻書院長陳麟募劉氏山闢基元至大庚戌建爲堂石刻觀音大士像崇奉其中且撥田以贍香燈之費不踰年嚴氏復明夫妻壽皆九十餘無疾考終人以爲好修之報云萬歷志

觀音堂在縣西百官鎮下市河西宋從仕郎王察居汴京家奉大士甚虔建炎初避亂遷居百官重爲立龕瞻禮率初以寫其墟墓宗社之感道光六年重修餘姚周喬

齡撰記新纂

三官殿在長者山北　國朝邑諸生戚達孝捨己地建并集同人捐置田產道光間圮僧蘆舟修葺尋燬於兵同治間僧本應募捐拓址改建新纂

右院堂殿附

萬歷志徐待聘曰虞山川岑寂當是化人之域故琳宮寶刹藏於巖麓者鐘梵之音常相答也大都肇自晉唐盛於宋元而祥符天禧爲最明興固日就廢弛矣正教崇而邪教熄亦世道盛衰之一驗歟顧虞俗素力本纖嗇近亦奉西方教惟謹山谷間往往私剏菴院致妖僧淫尼潛居溷處託名焚誦轉相煽惑甚則良家婦女亦入而受戒以爲活佛在焉吁風斯下矣有土者忍以二氏有裨於吾教而聽俗之敗壞乎即人其人而瀦其宮

可
也

上虞縣志卷三十九　雜志二

上虞縣志卷四十

雜志

方伎

吳範吳　孫溪奴六朝　趙才魯宋　貝元瓚

陳仁壽已上元　范應春　何洪　鍾禮

陳世英　謝表　袁子初　周一龍

顧琳　黃赳　葉燠已上明　謝彬

徐魯得　王國器　許鳳麟　胡墉

陳方國　錢必宜錢清　謝翀　錢日濬

李爍懿　謝聘　謝潮　俞廷颺

姚鳳翥　夏聲　王詰　徐三庚已上本朝

吳

吳範字文則以治歷數知風氣聞於郡中舉有道詣京師世亂不行會孫權起於東南範委身服事每有災祥輒推數言狀其術多效遂以顯名初權在吳欲討黄祖範曰今茲少利不如明年明年戊子荆州劉表亦身死國亡權遂征祖卒不能克明年果禽祖劉表竟死又白言歲在甲午劉備當得益州後呂岱從蜀還說備部衆離落死亡且半

事必不克權以難範範曰臣所言者天道也而岱所見者人事耳備卒得蜀權與呂蒙謀襲關羽近臣多曰不可權以問範範曰得之後權與魏爲好範曰以風氣言之彼以貌來其實有謀宜爲之備劉備盛兵西陵範曰終當和親終皆如言權以範爲騎都尉領太史令數從訪問欲知其決範秘惜其術不以至要語權權由是恨之初權爲將軍時範嘗言江南有王氣應在亥子之間有大福慶權曰若終如言以君爲侯及權爲吳王論功行封以範爲都亭侯詔臨當出權恚其愛道於己也削除其名範爲人剛直頗

好自稱與親故交接有終始黃武五年病卒權追思之募有能舉知術數如範者封千戶侯卒無所得　三國志吳書

六朝

孫溪奴多諳幻技元嘉初叛入建安治中後出民間破宿瘦辟遙徹腹内而令不痛治人頭風流血滂沱噓之便斷瘡又卽歛虎傷蛇噬煩毒垂死禁護皆差向空長嘯則羣雀來萃夜呪蚊虻悉皆死側至十三年乃於長山爲本主所得知有禁術慮必亡叛的縛枷鏁極爲重復少日已失所在　宋劉敬叔異苑○案吳淑事類賦引此作上虞縣人家有奚奴多方術

宋

趙才魯宗室裔業儒安貧嘗遇異人得禁方醫有奇驗邑尹林希元病潮熱數日或謂宜下才魯診之曰下非宜療以小柴胡湯而愈病得之中寒蓋陽明旺申酉少陽旺寅卯即今熱不潮於日晡而於日出少陽證也高唐盧廷舉館才魯所忽口鼻出血如湧泉才魯曰是營血妄溢也屑人參側柏葉用飛羅麵和之服以井花水其血旋止高陽許孟貞病夜發潮熱者三浹旬肌瘦力弱衆以虛勞峻補之才魯診之曰脈沈而實此特內熱耳不當補飲以承氣

湯大下而熱去范陽盧用中子年七歲身病灼熱而咳嗽或診其脈一呼得四至以爲奪精也質於才魯才魯曰越人有是言豈爲小兒哉小兒脈一呼三至四至適得病耳病得之外傷身灼熱者表邪漸傳於裏也咳嗽者肺爲寒淫所勝也宜用小茈胡湯去人參大棗加五味子乾薑主之如其治而病良已才魯嘗出遊見一人卒然死道傍取焰硝硫黃煎以清油候冷而灌之復焫百會及丹田其人漸甦方其未甦時四肢逆冷而氣走腹中如雷鳴此尸厥也鄉人倪敬之病咳嗽通身微熱衆以爲感寒投杏子湯

而加劇才會視之曰此肺疽耳爲桔梗湯服之不三日嘔膿血一升許又進大蘇散熱除而愈其治病類如此謝元功嘗序其事

元

貝元瓚字彥中宋簽判欽世七世孫也承父員友官醫學教諭世家北門以醫活人時呼瓚爲存仁先生萬歷志

陳仁壽字景禮應詔寫金字經乾隆府志

明

范應春少負奇氣嘗自計曰匹夫而欲濟人利物無他術

惟醫藥乎乃徧讀岐黄家言遂以醫名世尤神於望切一日途遇姻親薛文龍驚愕曰公病劇奈何薛曰固無恙也應春就其家診之陽爲好語密囑其子曰而翁臟脈已絶特浮陽在外不見劇狀耳夜半當疾作及晡而逝矣可亟治後事已而時刻不爽有按院行部至虞稱病不言所以徧召諸醫莫曉乃召應春診之曰無他病祇患夜遺耳安神保元自已院駭曰胡神哉又問曰富貴中人豢養安逸然多疾病窶人日勞筋骨奔走衣食而鮮病何也對曰戸樞不蠹流水不腐應春望色切脈類有神驗然有求者輒

應不計其酬取董奉種杏故事自號杏莊有杏莊卷藏於家萬歷志

何洪官鴻臚寺序班成化十二年書崇壽寺碑記遂以工書名聞京都萬歷志

鍾禮字欽禮少孤力學書法趙子昂尤精繪事弱冠省外舅蔣先生於京師公卿爭延招之名動士林還居城南夏日常雙髻跣足持白羽扇蕭然長林間見人或不爲禮人多訕笑之若不聞也者有金氏饑寒挈一兒賣於衢路禮惻然以白金遺之宏治庚戌有謝進士以使事至浙慕禮

邀寓老子宫會徐某謀充吏役賂謝囑當道及謝畢使事去而謀弗遂徐陳牒憲使指禮見知禮不欲累謝竟誣坐謫戍盤石已而朝廷以繪事召陛見直仁智殿以老乞歸上燭其前誣削謫籍賜以冠服時大學士李東陽謝遷王鏊爲文若歌以贈既歸感上厚恩一飯不忘每節旦必設香案於庭望西北拜祝追慕二親遇時祭必涕泣垂白如一日女歸王山令孫景雲以烈婦旌萬歷志○案萬歷志入隱逸傳今改列於此又陸容菽園雜記載鍾欽禮善畫山水以上司多好其畫輒以此傲人無何依託官府聲勢詐取人財事露問發充軍間有持其畫奉予者予曰屋壁雖陋不畫賺錢賊畫也與傳文違異附著以俟删正

陳世英通尚書史記善書法萬歷志

謝表少習舉業既而業醫於脈理有獨解且能望而決人生死邑人劉姓者患痘不起勢垂絕父母置棺將歛之謝往視驚詫曰此火症也急以水澆其面作咿吾聲仍取水灌之痘即分串纍纍起矣有婦難產諸藥靡效謝以升麻人參前胡各五錢投之即下衆問其故謝曰此胎走歧路而氣下陷也故用升麻以提之而參則佐其氣前胡則活其痰耳嘗家居見媳從前過謂其子曰汝婦神理已絕明年此時當不復有矣竟如其言久客廣德廣德人咸稱謝

一貼又曰謝半仙得所酬卽貸人一日置酒集諸交遊曰吾化期已逼與諸君話別衆以爲癡謝曰吾欲決人生死而不能自決耶取諸所貸券火之抵家其叔偶値問曰奈何以此時還對如前言叔曰試爲我一診謝曰同行自見不數十武謂叔曰當先姪十日叔訝未之信後刻期不爽人以爲秦越人復出焉萬歷志

袁子初字叔言號雪齋流落江西寫梅得王元章法花多剏自不甚繁乾隆府志

周一龍字五雲邑庠生幼精舉子業一夕夢神授以秘術

遂習岐黃多所救濟善知人生死性好施與賑施貧乏之服劑不取其酬邑中稱良醫云後李茂蘭習其術亦以醫聞嘉慶志

顧琳號雲屋仕爲知州讀書政治之暇嘗游戲繪事爲世所重畫史會要善水墨山水嘗試御殿稱爲儒畫顧氏譜

黃赳字斗華博學善弈時神宗酷好手談大璫欲引之入見特使宣召赳忽遁去嘉慶志

葉㷡字士和號華岳山人器宇昂藏有豪俠氣善棋每相對爲坐隱局面擴大不屑邊隅小著有淩厲中原之意又

能察脈絡營衛陰陽調劑之術得青囊遺意又精石鼓斯籀大小篆文鐫刻金玉銅石之章古雅絕倫識者莫不視爲秦漢間物江之濱撰傳

國朝

謝彬字文侯隨父遊學至杭遂家焉少年從莆田曾波臣遊授寫眞法凝眸熟視得其意態所在濡毫點次眉目如生精彩殊勝身不滿五尺矐然而淸目如點漆兼善畫山水及作漁家圖淸超絕塵迥與時別人多珍之子廷璋能得其傳杭州府志朱彝尊曰謝彬學曾鯨氏而有得者也方其

未得若膠其中而不釋及其既得於心若飛鳥之過目其形之去我愈遠而神愈全時有夏若徐蘭茹者亦以工書稱嘉慶志。圖繪寶鑑云彬善寫小像一經彼筆世無俗稱面至於數人合幅或舉家全慶神情浹洽眉目照映海內稱首望焉　國朝畫徵錄云彬受學於閩人曾波臣鯨筆法大進爲傳神妙手名聞南北價重藝林

徐魯得字應遠諸生貫穿理窟著四書辨疑二十四卷博覽醫家言闢俗說之謬著溫熱心書十卷施藥濟貧無子以兄英子鳳騫爲後英能詩善書法鳳騫工詩古文詞晚尤邃於易嘉慶志

王國器字君鼎國學生康熙四十一年抱瘴疾甚篤皆沈

中見黑面神授以藥曰飲之當立愈審厥象蓋總管神也後精痘科治危症若神出痘前三日能決人生死遠近踵門絡繹遇貧乏者具藥送之不索值晚年手抄一書傳採前人精義附以心裁名痘科私存雍正間歲饑煮粥以濟餓者倉廩匱稱貸以繼全活甚衆據嘉慶志義行及采訪冊纂

許鳳麟幼得異書精外科能望而察病一日至姚邑販牛適主人子患病喘坐危急諸醫誤以爲瘵麟從牖窺之笑曰此肺癰也可奏刀矣諸醫大駭其家求治麟即以刀刺其脇取膿數升而愈主人德之即以一牛酬焉采訪

胡墉字登士諸生性孝友所居有嬾雲書屋春秋花卉羅
備與昆季嘯咏其間尤工醫嘉慶志
陳方國精岐黄之術活人無算旁縣咸賴之時人爲之謠
曰病勢篤見方國蓋實錄也嘉慶志
錢必宜錢清時俱諸生並專女科嘗施藥以惠貧乏乾隆府志
謝翀善書法所遺人爭構之同時有陳志學王維屏陳廷
楷謝昺朱勛者亦以工書稱嘉慶志
錢曰濬字心泉邑諸生善易通奇門遁甲之學推測如神
不輕語晚年益秘默尤精地理甯郡士大夫多從之遊有

延之者但勸以勿停葬毋爲吉兆所惑嘗語人曰造福地易造心地難著有堪輿精言等書兵燹後多散佚孫爕邁亦精地學采訪

李𤓰懿字彙巖增生性孝友博學善文青鳥諸術靡不殫究尤精於醫人呼爲李半仙晚年以醫藥濟世活者甚衆道光間宣律祖尤以醫名一時多奇效采訪

謝聘字味農雄於貲不樂仕進以詩畫自娛著有吟香館詩草十四卷善繪花卉著墨不多妙得天然風趣采訪

謝潮字國柱仕兩淮烏沙巡檢素精繪事尤工士女采訪

俞廷颺號半農邑諸生風流脫畧以詩酒自娛每有題詠揮筆立就不留稿又愛畫蘭見粉牆即亂塗不計人之疵瑕也後有貴客見廟壁畫蘭大賞之其名始震采訪

姚鳳翥精繪事工菊蟹尤善以指墨畫龍虎鷹熊作四大幅每點睛必注目移時方下筆故精彩殊勝人咸珍之采訪

夏聲字承韶幼穎異喜讀書慷慨有大志聞英夷搆釁投筆歎曰習此雕蟲技腐儒耳遂棄舉業鍵戸讀韜畧旁涉星卜遁甲奇門陰陽五行家言惜終無有知之者及甯郡陷鄰邑震恐聲告戚里曰吾夜占星象災不及斗分越斗

分也惟餘姚不免然亦不爲害後果如其言嘗夏夜聚棹爲臺置胡牀於上坐觀星忽喟然曰蚩尤已見二十年後天下當遭兵劫蓋應在粤賊也一日遊村外有漁者舉網過請曰先生善占今將漁於河所得幾何聲占之曰今當得二鯉然身必跌且濕衣漁者至河岸失足於水不踰時果得二鯉而歸采訪

王詰號蘭峯少孤事母孝工於繪事同治初遊楚南時前相國宫保官文方督兩湖以兵事微服出遊見詰大奇之即以禮請贊營務詰受事而不受官每有事出入必與偕

論功應得保舉棄而不仕後在武昌建仙棗亭隱居其中以書畫自娛著衲衣自號衲衣翁精導養之術會重修黃鶴樓宮保即以詰爲監修工竣後又於漢陽渡口立壽雲亭復游湖南嶽麓立會仙亭至洞庭立留仙亭均載兩湖省志前後與宮秀峯雷鶴皋何子貞丁心齋諸先生訂交且久往來投贈書箋盈篋出入公卿閒二十餘年性淡泊不慕榮利以畫自給筆資所入有餘即以周貧乏素畜一犬與同卧起每食必以己所食者與之嘗自繪求輿圖小像旁坐一犬名公卿題詠殆滿何子貞太史留仙亭贈聯

云閒雲野鶴自來往沅芷澧蘭無古今可以見其爲人矣光緒戊子重遊漢陽聞本邑水災急募二千餘金助賑次年八月在漢口陽明書院無疾而終年七十七歸葬梁湖西山訪采

徐三庚字辛穀自號金罍道人工篆隸及金石文字其鐵筆爲海內書畫家所推重徐壽蘅學使楊石泉中丞連緒齋將軍先後延入幕府有似魚室印譜行世訪采

仙釋

魏伯陽　刁道林　宫千斟　涫于翼

徐太極　葛元已上漢　劉綱　曇猷

葛洪已上晉　樓靈璨　曇隆　陶宏景

魏道微已上六朝　孔莊葉三女仙　清晝已上唐

法慈　慧皎　梵卿　了演

咸潤　妙智　且菴　自得

明方　妙義已上宋　方巖　與恭

志廉　懷寶　岱宗　嗣特已上元

大同　慧宣　雨和尚　潘勉之

黄裳　如清　王昌二已上明　碧雲

智坤　惟一　祥本　夢覺已上時代佚

本朝　查仙

漢

魏伯陽案元眞錄云伯陽眞人姓魏名篤字恪齋別號雲霞子道號伯陽先生博習文詞修眞養志將弟子三人入山煉丹丹成試弟子曰丹旣成服之卽死有一弟子曰吾師非凡人也服此而死將有意耳乃服丹卽死餘弟子不服共出山求棺伯陽卽起將服丹弟子而去案傳燈錄云弟子三人汝南周爕南陽馮良虞巡服丹者乃虞巡也後逢人入山伐木以書寄謝二弟子作參同契五相類凡三卷其說似解周易實假爻象以論作丹之意今縣治西南金罍山尚

存修煉遺跡云萬歷志○案唐順之史纂左編云東漢魏伯陽會稽上虞人也世襲簪裾惟公不仕修眞潛默會志虛無每視軒裳如糠粃焉不知師授誰氏得古人龍虎經盡獲妙旨乃約周易撰參同契五相類凡三卷

刁道林司馬紫薇曰四明山洞在越州上虞縣眞人刁道林治之眞誥曰龍術字伯高京兆人後漢從仙人刁道林受胎氣之法四明山志

湻于斟字叔顯桓帝時作徐州縣令靈帝時大將軍辟掾少好道明術數服食胡麻黃精後入吳烏目山中隱居遇仙人慧車子授以虹景丹經修行得道在洞中爲典柄執

法郎眞誥

淯于翼字叔通邑長度尙嘗訪之後舉方士爲洛陽市長稱太極仙侯眞誥○案斟翼二人舊志均列方伎今改正

徐太極邑人少從左慈遊慈教太極觀人相遊行天下麓牀道士解去士符贈之道術愈高至荆州諸葛豐出三子令相太極指其一曰神仙中人也葢郎亮時年八歲靈帝光和六年己巳也桓帝時丹陽葛孝先遊天台從之學相據傳燈錄

葛元字孝先選蘭芎之勝以事修煉時有人漂海隨風忽

至神島授以一函題曰寄葛仙公後云汝歸會稽爲我達元由是皆稱仙公世以爲仙翁云漢光和二年正月朔日仙公於上虞山感太上遣元一三眞人太極徐眞人授以三洞四輔經籙修眞秘訣金書玉誥符圖又命王思眞披九光玉韞出洞元靈寶經典七品齋目勸戒法輪無量通元轉神入定等經以授公故陶隱君爲仙公銘曰馳涉川嶽偃蹇蘭芎而顧墅灘近有葛公山其中石室如塚相傳葛仙公葬處傍有石臼石銚洗藥溪至今水清徹底有石磊磊如丹砂遺跡猶存焉萬歷志○案嘉慶志列葛元爲晉人今改正

吳

劉綱字伯經下邳人初居四明山爲上虞令後師事白君受道功成與妻樊夫人俱有道術暇日常與樊較綱唾盤中成鯉樊唾成獺綱作火燒客碓屋樊禁之火即滅綱與樊共入四明山路阻虎綱禁之虎不敢動適欲往虎即噉之樊徑前虎不敢仰視乃以繩繫虎每試綱輒不勝將昇天綱昇樹數丈方飛舉樊平坐冉冉如雲氣騰上後唐貞元中湘潭有一媼不云姓名但稱湘媼依人舍十餘載以丹篆字救疾莫不應鄉人敬之爲構華堂數間奉媼媼曰

但土木其宇足矣策杖曳履日可數百里忽遇里人女曰
逍遥年二八攜筐採菊遇媪瞪視足不能移媪亦目之曰
汝愛我可同往乎逍遥欣然擲筐斂袵稱弟子從媪往父
母追及叱而返逍遥竊索自縊父母度不可制遂捨之復
詣媪但掃塵易水焚香讀道經而已後月餘媪白鄉人曰
某暫之羅浮扃某戸慎勿開也鄉人問逍遥何之曰同往
如是三稔人於戸外窺見小松迸筍叢生階砌媪歸召鄉
人啟扃見逍遥㥯坐媪以杖叩地曰吾至汝可覺逍遥如
寐醒起將欲拜左足忽墮媪令無動拾足接膝噀以水如

故鄉人大驚敬之如神數百里皆歸之一日忽告鄉人曰吾欲往洞庭救數百餘人命誰爲我設船里人張珙具舟檝自駕而送之至洞庭前一日有大風濤撼一巨舟撞君山島而碎所載百餘人奔島上忽一鼉長丈餘遊沙上島上人撾食其肉明日有城如雪圍島上俄頃城漸窄束百餘人不得掙札所帶囊橐皆爲虀粉勢甚急咸惶怖號叫媪舟至遂登島拔劍步罡噀水飛劍而刺之有聲如霹靂城遂崩一白鼉蜿蜒而斃島上人咸泣謝返湘潭有道士與媪遇曰樊姑爾何處來甚相慰悦珙詰之曰劉綱眞君

之妻樊夫人也後媼與道遙一時返眞萬歷志

晉

曇猷興甯中騎牛從西入太岳山牛步皆其故迹遇一媼問途忽有負媼而投諸淵者猷飛錫救之水立涸今乾溪是也方誦經有猛獸巨蟒交見猷不動後有神詣猷遜謝願他徙鼓角淩空而起遂不見曇猷尊者卽白白或作帛道今遂稱白道猷嶺與潭云其下龍堂有尊者廟萬歷志

葛洪字稚川丹陽句容人仙公從孫以儒學知名性寡欲好神仙導養之法初仙公以煉丹秘術授弟子鄭隱洪就

隱學悉得其法晉書修煉於虞太平山有煉丹石方數丈又有石如臼如釜今尚存萬歷志咸和初干寶薦洪才堪國史選爲散騎常侍固辭不就聞交趾出丹砂求爲句漏令至廣州刺史鄧嶽留不聽去乃止羅浮山煉丹在山積年優游閑養著述不輟自號抱朴子卒年八十一顏色如生體柔軟舉尸入棺輕如空衣世以爲尸解得仙去晉書

六朝

婁靈璨字德素年十七落髮於東山寺更名惠約沈約一見以爲道安慧遠無以尚也據義烏志

曇隆少善席上晚忽苦節過人亦爲謝靈運所重亡後靈運執筆爲誄嘉慶志補遺

陶宏景字通明丹陽秣陵人十歲得葛稚川神仙傳便有養生之志曰仰青天覩白日不覺其遠矣南宋末爲諸王侍讀齊永明中脫朝服挂神武門上表辭祿特賜束帛月給茯苓五斤白蜜二斤以供服餌止句容句曲山第八洞宮名金壇華陽之天周迴百五十里山中立館號華陽隱君宏景與梁武帝有舊及即位書問不絶冠蓋相望給黃金硃砂曾青等物後合飛丹色如霜雪服之體輕帝益重

之國家每有大事無不咨詢日中常數往時謂山中宰相性愛松風庭院植松每聞其聲欣然以樂有時獨遊泉石望者以爲仙人年八十五無病而逝謚貞白先生上虞南有象鼻洞下有川曰釣川宏景常垂釣其上萬歷志

魏道微邑人好道相傳爲仙去今邑中有其墓又云道微得法於謝安山於越新編

唐

孔莊葉三仙女仙也天寶間往武夔學道棲天柱峯下一日遇大姥元君授以丹訣令往東南尋雲虛洞修煉至君

峯果得仙洞遂煉丹焉宋治平間有江公者至山中得一小徑深入忽有洞府曰雲虛之洞中有朱牌金字題曰太素孔元君太薇莊元君太妙葉元君有仙童引入見款以胡麻飯江辭歸因語其詳比至家已三載矣武彝志

清晝字皎然南宋謝靈運十世孫有詩名居吳興興國寺與刺史顏眞卿諸名士酬唱與譔韻海鏡源著儒釋文非傳及經典類聚四十卷浙江通志

宋

法慈長慶寺僧平日深居簡出洒埽一室終朝宴坐而庭

有花竹泉石頗有幽意士大夫暇日多往遊焉慈頗能棋又善談論焚香煮茗延納無倦嘉泰初忽謝客閉門慈年高而神觀精爽略無他故人初不以爲異會其童行辭往行在所請給僧牒慈語曰汝去宜速回一日言旋慈喜曰得汝歸甚好時方盛暑即令左右速具湯沐澡潔畢易衣端坐其徒往視之將瞑目亟呼云和尚幸自得恁好何不留一頌子曰汝不早道我今寫不得也嗣師云但説某當代書乃云無始劫來不曾生今日當場又隨滅又隨滅萬里炎天覓點雪語僅脱口而逝寶慶續志

慧皎未詳氏族會稽上虞人學通內外博訓經律住嘉祥寺撰涅槃義疏十卷及梵綱經疏行世又以寶唱所撰名僧傳頗多浮汎遂著高僧傳一十四卷并自序之續高僧傳○案府志作出家會稽嘉祥寺春夏宏法秋冬著述撰涅槃義疏十卷及梵綱經疏行世又以名僧傳頗多浮沉因遂開例成廣著高僧傳一十四卷後不知所終

梵卿嘉興錢氏既受具即入台之東掖山謁法眞大師處咸聽天台教一日論經王義法眞歎曰子得元妙於心相之外更衣謁長蘆秀禪師未契即往投子山謁青禪師居三年青示寂遂往東林謁照覺總禪師發露底藴從容問

答心凝神釋遊鍾山居第一座入室常數百人結菴徑山菖蒲田住秀之海慧溫之靈峯移越之象田象田久廢至梵復興今爲名刹據嘉泰會稽志兼四明山志

了演少依東山廣化聽秀禪師夜參卽有省發徧謁諸方宗師俱不契徑趨衡陽投大慧禪師宗杲一見器許杲謂其徒曰若輩如鍼刺窗紙微見光影耳演乃一蹋鴻門兩扇開者也自臨安崇先移住象田繼移靈隱嘉泰會稽志

咸潤邑人姓鄭九歲祝髮於上福寺案卽等慈寺越七年遊天台觀智者佛隴因灼臂以禱願習教院觀法遂越江抵錢

塘依會法師講席究天台法深得其奧景德中邑令裴煥請演教於等慈寺後徙隆教永福二院所至聽法者動以千數得法成名者二百餘人皇祐三年四月忽與友語别趺坐而化遺塔在等慈寺東廡之北萬歷志○案嘉泰會稽志云師能詩有五泄山三學院十題編於掇英今會稽永福寺有受業弟子碑

妙智名志遠姓吕餘姚人十七歲於等慈寺爲僧徧遊諸方參聽天台宗教得悟大義嘗講於朝錫師號遂爲會稽講席之冠諸名公皆愛重之至七十而謝世未終前二日淨髮易衣手筆遺偈經五日荼毗於烈焰中身不欹側齒

根不壞其徒收遺骨建窣堵坡於西湖南菴萬歷志○沈奎云乾隆府志引萬歷志志遠姓呂氏餘姚人十七歲於上虞等慈寺爲僧李光陳槖張轔趙不搖諸公皆愛重之嘉慶志列元時誤

且菴名守仁姓莊受具於等慈寺僧妙晞初習南山律未幾徧諳禪林遂悟宗旨七住名山道譽甚高在長蘆屬歲歉衆逾五百雖折牀空甑而不忍去其爲學徒傾慕如此有且菴語錄行世萬歷志○案五燈會元云眞州長蘆且菴守仁禪師越之上虞人依雪堂於烏巨聞普說曰今之兄弟做工夫正如習射先安其足後習其法後雖無心以久習故箭發皆中喝一喝云只今箭發也看看師不覺側身作避箭勢忽大悟上堂百千三昧無量妙門今日且菴不惜窮性命祗做一句事說與諸人乃

卓拄杖下座嘗頌臺山婆話云

自得邑人姓張名慧暉早歲出家於澄照寺徧參諸方時宏智覺禪師主天童法席師參左右密授心印從此悟入嘗撰六牛圖頌以見意住雪竇三十年道聲益著後住淨慈寺孝宗召見獎曰眞道人越三年復歸雪竇未幾圓寂萬歷志○案四明山志云慧暉依澄照寺道凝出家嗣天童覺法紹興七年開法補陀歷萬壽吉祥雪竇淨慈淳熙七年退歸明州時法恭主雪竇言於范大參讓之慧暉十年十一月示寂窆於重顯塔右

明方字石雨嘉善陳氏爲湛然澄印可出世象田上堂曰這片田地人人都有箇箇拋荒至勞象爲之耕鳥爲之耘

梵卿禪師爲之灌溉，郎念首座爲之擔糞，古靈禪者爲之起撥。今日衆中有肯管業者，山僧有一紙契書，交付拈拄杖示衆。衆無語，乃以與侍者，云：且收著。戊子正月初三日擷鼓上堂曰：人人藤斗笠，箇箇水雲包，若不倒斷一回，還家依舊千里萬里。只因你不能向異類中行，且道異類又如何？屈指一雞二犬三豬四羊五牛六馬，爲甚麽七不道？未幾示寂。四明山志

妙義少歷方外，晚住邑之象田，寒暑一衲不易。紹熙元年三月與鄉人別曰：頗厭世味，一切皆空，吾當逝矣。俄索筆

書偈曰來若一輪皎月去亦秋空無別本無來去若爲通片片楊花飛白雪書畢趺坐几上現三昧火自焚而几不壞萬歷志

元

方巖名懷則邑人幼聰敏宋景定間祝髮澄照寺鋭意參學往天竺諸寺究尋智者教觀洞明心地四十餘年悟觀音妙辨元至元中朝旨賜興教大師出世天台白蓮寺學者雲集十年退休杭州南竺高麗王子聞其道附書相邀師以年老力辭後住杭州大圓覺寺壽八十餘書偈而逝

有天台四教儀要正行於世萬歷志

與恭字行己邑人平生苦學內外典靡不研究尤工詩母老無託乞食以養趙子昂見其冷泉亭詩嗟賞由是知名沈奎補稿

志廉化度寺僧初徧參宗門晚節一意西方慶元秋八月書偈別衆曰我夢見阿彌陀佛大衆圍繞而說法諸上善人當須專修淨業往來我國說已卽隱我既見相去住畢矣遂向西方作禮趺坐而逝萬歷志

懷實任氏子受經於會稽澄心寺師以其魯鈍令赴壽昌

寺習禪定百日期滿果心神開朗寺欲建佛閣令實往天台代木遠不能致卽於山中朗誦大悲咒以芝蔴一升記之垂盡夢山神告曰師第還吾當助力約以時日令候於塘角村江岸實如言卽還寺衆嗤笑之至期大風雨果漂所代木至閣遂成塘角村江岸屢崩實築塔其上潮遂不爲害年一百有二無疾逝嘉慶志

岱宗名心泰號佛幻叟姓孫邑人幼從余杜猷學受具等慈寺嵩岳雲從噩夢堂禪師究竟宗學又從縣尹林希元學古文辭始住東山國慶寺累遷徑山退休等慈年九十

六圓寂所著有金湯編萬歷志

嗣特姓羊年十三祝髮八十三卒臨終異香普徧嘉慶志

明

大同字一雲姓王氏受戒會稽崇勝寺會春谷講經景德大同往依之獲授五教儀元談二書又謁懷古肇師受四種法界觀大同天分旣高又加學力頓覺義趣消融智光發現尋出錢塘謁佛智熙禪師於慧日峯得其指授舉舊所記憶一切棄絶惟存孤明耿耿自照如是者六年俄上天目山禮普應本禪師普應爲贊清涼像而遺之乃喜曰

吾今始知萬法皆本一心不識孰爲禪那孰爲教乘內外自此空矣天歷初選住景德尋改寶林寶林淸涼肆業之地也四方俊乂莫不擔簦躡屩爭集輪下元末大亂退處瞻博迦室洪武元年設無遮大會於鍾山名僧咸應詔集闕下入見於武樓獨免大同拜跪之禮且命善世院護視之次日復召見問佛法大意賜食禁中及還賜白金明年示疾書偈端坐而脫宋濂爲作塔銘據宋濂同公塔銘○案大同旣膺明帝召自以入明爲是嘉慶志列大同於雨和尚後今改正

慧宣名宜容邑人貌魁岸言詞爽達方國珍見而奇之强

之帳中欲用之辭弗克乃祝髮脩遁隱居天目山寺法名慧宣明初遊武林諸剎與賢士大夫往還後歸虞結茅於宅後山巔嘯詠徜徉終身焉至天順間方示寂沈奎補稿

雨和尚長慶寺僧也明初赴縣祈雨懷中取火自焚大雨如注後送棺回寺雨隨至人號雨和尚葬鳳山造塔於其上萬曆志

潘勉之由徵辟為大常卿有道術能以符咒召神將一日無事偶召神隨至而無所處分神怒擊其首流血被面遂成瘡不愈後每召而或不應以瘡痂置爐中神即至邑人

稱爲潘爛頭云萬歷志

黃裳字丹霞號塵外道人嘗遊天台丰姿玉立夐出物表讀書明理善詩章習張郎之字挾五雷法每遇旱暵禱輒應皆謂有仙風道骨云年八十六終葬九峯西山頭萬歷志

如清字法源姓阮氏初投龍井寺出家未幾入雲棲從蓮池大師受具曰吾不歸矣吾修學於斯老於斯死而火於斯足矣銳志念佛誦法華六時禮拜汲汲如不逮萬歷十一年將入滅蓮池大師爲集衆設像念佛清聞佛號起坐合掌注視金容奮迅翹仰而逝嘉慶志

王昌二讀書通大義尤喜讀葛洪神仙傳一日忽登牀偃臥其妻金驚怖失措枕股哭不起以薑乳灌之起頓足罵曰汝死吾弟矣金不解其故越三日凶問至則其弟昌三渡錢江竟葬江魚腹中意二偃臥時正神馳救弟被金泣灌不得至故深咎之也家貧貸里中幾徧約以傭工償會時芒種里中同日邀二者四五家俱允諾比曉披苙蒲著犢鼻褌出門金尾隨之則見二在甲家飯金恐乙怒往慰藉之則又在乙家飯尋閱四五家咸然金嗟呀而返及晚歸詰其故二歎曰吾不可復留人世矣即端坐而逝蓋二

入世數十年而人不知其爲仙也至是邑里喧傳咸醵金像二於關帝祠左个供香火焉每祈禱輒應嘉慶志

國朝

碧雲俗姓趙名甸南字禹功性耿介時倪文貞能汲引有欲爲介者持不可詩在嘉州右丞間工書畫甲申後棄諸生業爲僧已復授經書畫以易衣食顧亦不甚惜補稿據輶軒錄

蔣嶟傳略

智坤字若愚邑魏氏子髫齡棄俗稟具天童悟和尚嗣恭名宿了明心地勤修淨業孤高不受人囑晚歸郁溪之眞

覺院年八十卒之日以偈付後曰一味尋常日用中焚修淨業自融通如今相別還相委去路逍遙空不空（補稿據惟一語錄）

惟一名楫緱城童氏子年十四薙染於天台山通元寺從通元和尚爲徒一日天寒方丈圍爐元鉗起火是甚麽楫撲火墮地元曰業障亂做見何道理楫以脚踏火碎便出即聞元謂傳者曰此子到也作怪我在天童先師處入道因緣亦如是可惜又一日下山宿信行菴夜深元揭帳責曰不能做眞禪師假禪師亦做一箇忽驚趺坐曰丈夫當

爲眞禪師通元示以竹篦子令做死工夫不可看書理會了看如推門落臼不理會看如牽牛上壁遂通曉義理主寶泉寺方丈閉關已定覺自己身心世界渾然一片絕無邊表通元逝世卽關前付以衣拂源流并偈曰早年坐斷白雲間著有惟一語錄五卷沈奎補稿

祥本原名律本字源達號斷疑長洲張氏子披剃於伴月菴爲廣利和尚徒雍正癸卯廣利問汝知念佛好處否答曰念佛是誰曰目前看又云畢竟是誰廣利喝云舟去渡當船本大笑領會廣利將蓬蒿作杖示偈云且作蓬蒿當

杖頭源源不絕永傳流我今密付黃金價後日宗風達萬秋遂受密咐爲曹洞正宗三十四著有斷疑語錄行世補稿據語錄及行狀

夢覺俗性錢號三山幼讀書工詩長遊武林天目山遂披剃居明因寺持戒甚嚴足跡不輕入城市客與之談詩則竟夕不倦否則瞑坐而已著有有成集采訪

查仙失其名亦不詳其世縣東一都有二湖查嘗居之後遂名二湖爲大查小查嘉慶志

軼事

漢

魏宗伯陽之子仕魏朝爲將軍封於段干抱樸子

越州上虞縣曹孝女墓在江岸上有大木二株一榮一枯榮者枝幹宛轉枯木外若抱父屍之狀泊宅編

漢元嘉元年上虞長度尚爲石碑屬魏朗作碑文久之未就時尚弟子邯鄲淯年二十聰明才贍而未知名乃令作之揮筆輒就朗至尚以示之朗大歎服蔡邕聞之來觀値夜以手摸其文而讀之題曰黃絹幼婦外孫虀臼後魏武帝見之謂楊修曰解否曰已解曰卿未可言試我思之行

三十里而喻乃令修解之修曰黃絹色絲也幼婦少女也外孫女之子也虀臼受辛也蓋曰絕妙好辭曰吾亦意此但有智無智較三十里嘉泰會稽志

晉

梁山伯字處仁家會稽少遊學道逢祝氏子同往肄業三年祝先返後三年山伯方歸訪之上虞始知祝女子也名曰英臺山伯悵然歸告父母求姻時祝已許鄮城馬氏弗遂山伯後爲鄞令嬰疾弗起遺命葬於鄮城西清道原明年祝適馬氏舟經墓所風濤不能前英臺聞有山伯墓臨

塚哀慟地裂而埋璧焉馬言之官事聞於朝丞相謝安奏

封義婦塚 甯波府志

上虞魏全家在縣北忽有一人著孝子服皂笠手巾掩口來詣全家語曰君有錢一千萬銅器亦如之大柳樹錢在其下取錢當得爾於君家大不吉僕尋為君取此便去自爾出三十年遂不復來全家亦不取錢 陶潛搜神後記

荊州刺史殷仲堪布衣時在丹徒忽夢見一人自說己是上虞人死亡浮喪飄流江中明日當至君有濟物之仁豈能見移著高燥處則恩及枯骨矣殷明日與諸人共江上

看果見一棺逐水流下飄飄至殷坐處令人牽取題如所夢即移著岡上酹以酒飯是夕又夢此人來謝恩搜神後記

南北朝

梁元帝母阮修容嘗失一珠元帝時絕幼吞之謂是左右所盜乃炙血眼以厭之信宿之間珠從便出元帝尋一目致眇唐傳亮靈應錄

梁孔祐隱四明山見山谷中有錢百斛視之如瓦礫樵者競取之入手即成沙礫有鹿中矢來投祐祐爲養之瘡愈而去南史

唐

上虞縣有民章藴者因歲歉於鄰人假糧數十斛後鄰人缺食就索之抵負誓曰的不還作犂牛塡章笑而許諾斯月章卒其鄰家產一犢當耕耨之次謂弟兄曰章某欠我米已云許作牛還此犢莫是否偶以姓名呼之隨聲而應再答既而隊淚屈膝似拜許之狀報其家屬來驗之右肘上隱起字曰負人米罰作一畜其家乃數倍價贖而養之靈應錄

建德縣令李維燕少持金綱經唐天寶末爲餘姚郡參軍

秩滿北歸過五夫店屬上虞江埭塘破水竭時中夜晦冥四面無人維燕舟中有吳綾數百疋懼有不虞因持一劍至船前誦經三更後見堤上兩炬火自遠而至維燕疑是村人衞已火去船百步便卻復迴心頗異之益厲聲誦經時塘水竭而塘外水滿維燕心念塘破當得水助半夕之後忽聞船頭有流水聲驚云塘闊數丈何由得破久之稍覺船浮及明河水已滿對船所一孔大數尺乃知誦經之助云廣異記

剡縣胡章與上虞管雙喜好干戈雙喜死後章夢見之躍

夘戲其前覺甚不樂明日以符帖壁章欲近行已汎舟理檝忽見雙來攀留之云夫人相知情貫千載昨夜就卿戲値眠吾郎去今何故以符相厭大丈夫不體天下之理我畏符乎稽神錄

越州上虞縣過江二十餘里有南寶寺在南寶村過橫嶺則到有好事者尋訪山水登嶺行倦息於樹下有村叟亦歇焉其話山江形勝指顧之閒見路側一墳老叟曰此墳若是丈夫則無可說若是女人則子富爲三公好事者異其言訪於寺僧村民有知者曰此鄭注母墓也初元和中

寺有鄰女家人與村民石生通焉有一兒十餘歲時有客僧姓鄭遊止寺中病苦痢逾月寺僧常令此兒供給湯粥甚得氣力擬乞爲童子將去問可否諸僧曰其父石生存待爲問之石生許可許可固無所恡三綱問石生生乃許焉生將去因姓鄭氏僧以方書技術教之又别遇方士頗精游藝交謁王公因遂榮達太和中恩澤隆異除鳳府節度使因坐事伏誅卽鄭注也其母死後寺僧葬於嶺上則是老叟所指之墳也錄異記

宋

漁人於曹娥得一鯉腹中有小玉印宮門張提舉獲之以獻高宗曰此我故物也手鐫德基二字建炎避敵墜海中今四十五年矣不謂復見萬歷志

李莊簡知宣州戚方圍城急或請從西門遁去光曰我一家全奈一城生靈何詰朝告衆曰城脆不保引劍之計已決義不污賊手兵民感泣其氣益倍賊負戸而登作火牛乘風投之盡爇所負昭亭山神數見人心益安南水門有神龍尾兩歧見於光衣間每賊攻急龍輒至光即其所立祠援兵至賊焚攻具請降不許乃燒營遁去宣城人祠之

淳熙初賜廟額曰褒烈寶慶會稽續志

咸方自廣德入知州事李光得衛士三百人授之方畧守禦屢捷然圍輒未解有來告曰日來兵仗間神物出視變化無常公率僚屬往視皆龍形爪鬣畢具光彩奪目忽有一巨者躍上光衣升至肩肘若以意語賊兵尋遁去時大將巨師古來援光宴次語及巨手加額曰此三聖也長賀息次遊弈三金甲並爲眞君廟食邊陲現則我勝迺勸公立祠祀之甯國府志

李莊簡公光作詩極清絶可愛予嘗見其越州雙雁道中

一絶云晚潮落盡水涓涓柳老秧齊過禁煙十里人家雞犬靜竹扉斜掩護蠶眠後在政府與秦檜議不合爲中司所擊命下送藤州安置差樞密院使臣伴送公戲贈之云日日孤行對落暉瘴煙深處忍分離追攀重見蔡明遠贖罪難逢郭子儀南渡每憂鳶共墮北轅應許雁相隨馬蹄慣踏關山路他日重來又送誰亦婉而有深意宋張淏雲谷雜記

李孟博莊簡公光之子也苦學有文紹興五年進士第三人及第莊簡南遷隨侍至貶所遂卒於瓊州未卒數月前忽夢至一處海山空闊樓觀特起雲霄間有軒榜曰空明

先世諸父皆環坐其間顧指其一日留以待汝既寤知非其祥也未幾遂屬疾臨終有雲氣起於寢冠服宛然自雲中冉冉升舉瓊人悉見之莊簡有詩悼之云脫屣塵寰委脫蟬眞形渺渺駕飛煙丹臺路杳無歸日白玉樓成不待年宴坐我方依古佛空行汝去作飛仙恩深父子情難割淚滴千行到九泉雲谷雜記

元

陳子翬元至正二十四年乙巳修邑志時張敞元以築城至貽之詩云舜禹遺蹤歷可觀風流江左晉衣冠曹朱盡

孝捐軀命劉李輸忠吐肺肝月旦有評清議重起居無錄史書難憑君直筆傳疑信留取文章久遠看明邑令徐待聘修志亦當乙巳事適相符萬曆志

明

洪襄惠之祖有恆名武昌居縣東門外社有迎桑神祈賽者暮寄赤石夫人祠武昌持杖大詬曰疾風暴雨不入寡婦之門神雖土偶可男女混耶悉擊碎之社中相許以爲名犯國號達於南京時明太祖初定鼎問知其詳直武昌且曰是朕興之兆也賜名有恆赦之歸有恆至錢塘西溪

樂其土風曰吾終不可與鄉人處遂家焉再傳而生襄惠今其父祖墓在新通明堰之北山府志言襄惠隨父贅杭誤也萬歷志

吾邑貝秉彝爲東阿令有老嫗控子素履死咎爲虎所啖貝錄其詞禱神曰我將以某月某日集虎訊鞫神許之至期耽耽而視者咸相率至公堂俯伏貝曰不啖嫗子者去衆虎皆去惟一虎猛然不動貝責之曰殺人者死汝知之乎虎肯其首貝曰嫗子將以待老汝能爲之子以養其母則貰汝罪否則汝不得活矣虎又首肯者三其後嫗有所

需虎輒取給嫗卒虎亦觸石而斃至今東阿有義虎亭趙琴課餘卮言

陳公金以行人使安南安南舉宴有蒸魚目珠旋轉不已公直取食其目蓋魚味在目甚美也又有竹大如五石甕而葉極細如箭以數節置席前問曰大國有竹如是乎公預以青箬葉置書冊中令取葉示之曰竹不可攜正有葉裹他物者可以相驗安南王大駭萬歷志

陳公禧有膂力與苗人戰持雙刀各重十餘斤一日誤墮塹下賊臨之以刃塹高數丈公躍而上賊以刃砟其胄傷

首血流至踵復殲賊奪馬而歸萬歷志

凡軍衛掌於職方而勾清則武庫主之有所勾攝自衛所開報先覈鄉貫居止內府給批下有司提本軍謂之跟捕提家丁謂之勾捕間有恩恤開伍者洪武二十三年令應補役生員遣歸卒業宣德四年上虞人李知道充楚雄衛軍死有孫宗臯宜繼時已中鄉試尚書張本言於帝得免如此者絕少戶有軍籍必仕至兵部尚書始得除明史兵志

潘南山辭祿已久銓曹忽薦之初辭甚嘉閱二載陪點三次不果用乃知薦者之虛飾也因賦一絕桃李紛紛足豔

陽春風何意到枯桑蕭然白髮丈人行卻作少年三伴郎縉紳間以陪黠爲伴郎蓋善謔也謝遷歸田稿

許半珪璋爲王文成塾師教以奇門遁甲諸書及武侯陣法文成撫江右屬曰勿錯認帝星及兵機未露遣子遺以棗梨江豆西瓜文成驚悟出查亂兵遂不及難後得誅反擒王皆先生力張岱三不朽圖贊

岑孟爲梗詔文成督兵討之走璋門計曰撫之便卒用其言得孟遺之金帛不受欲薦之於朝曰爵賞非吾願何以相强終日猶夷山麓之間雖屢空坦如也謂其所居當大

發祥顧吾子孫無當之者比鄰陳氏兄弟不凡足當此歸之去已而陳述陳述其子果相繼登第其占卜大都奇中人呼神仙云萬歷志

朱袞善草書筆法遒勁尤工大字嘗以水部郎使杭遊西湖醉中用布濡墨作飛來峰三字世稱奇絕康熙志

予友會稽朱朝儀袍語予曰父友三鄉某素公直見重鄉曲凡有不平者咸取決焉一夕歸過溪瀨瀨中步石子偶滑遂爾傾跌起卽淋漓奔家至則門已閉固隙中見妻燈下紡績擊門高呌其妻曾莫之應私意曰吾豈死於溪耶

今爲鬼耶何幽顯之判如此耶復思鬼可潛身從隙入以試之隨到妻所遂擲弄剪刀拍妻之額妻驚駭呌兒口稱頭痛滅燈以寢某惶懼知已爲鬼矣復出號泣走愬當境土神神曰汝素忠直可隨吾來至溪見形浮水面神令閉目推墮於溪遂覺之起視其地已非渡所屍流數里而天亦昧爽矣歸語其妻脗合夜事郎瑛七修類藁

我朝正德間試倚馬萬言科上虞進士徐子熙獨成七篇授翰林院編修田藝衡留青日札

楊公紹芳嘗候上官於東郭之郊亭日晡矣民有獻蒸餅

者公食之膏汗其衣袍民叩頭請罪公愕然問故民以食之不潔汗衣爲對公歎曰以食饋我汝之情也食而汗衣其事在我且汝安見衣有久服而不壞者乎温顔遣之萬歷志

嘉靖十六年上虞范家一婦忽生一子乃一夜义也離腹時將穩婆手指囓損而奔走不知去於何所每夜中俟母睡熟卽由四壁號進仍竊飲其母乳母驚覺卽去每以爲常亦無可奈何後遇持肉羹者卽飛去奪而食之凡數月入陰溝中呼衆以刀杖擊殺之乃絶留青日札

黄仲白寓居武林余往訪之適有友人攜一名姬邀余兩人赴飲黄便入内少時其容有蹙復以他事談説許時邀者益急言主人候湖上久矣余欲捉之偕行黄復身入内余聽之聞刺刺詈聲余知其以妓故不敢往也故促之黄不得已與余相赴日未晡黄便謝歸主人留之不得遂去明日余往佯問於黄曰年餘四十遂乏血胤雖一似人女婢亦不能居命也奈何更問昨者遲回之狀曰凡赴妓席必涕泣至歸方已又問如遠出何以制君曰出必歃血莅盟余因大嗟曰余方愧王茂弘九錫不意足下更是馮敬

通也胡應麟甲乙剩言

羅有儀賓某幼貧而賤其從叔光祿寺烹人也因抵京詣其所適明太后有儀賓之選叔謂姪曰汝旣遠來無以爲歡翼日我置酒於王孫公子間啜之可乎至期飲峩峩冠帶或自矜持惟羅某心無他求恣意大嚼太后目之語主曰此子坐如泰山食似狼虎能食皇家之食必是有福之人我欲使若尚汝何如主以爲然課餘厄言

倪文貞公年十六登科夢女鬼數人相扼持見關壯繆忽前叱之乃屏退因語公曰子前身張睢陽也以殺妾饗士

公案未了故來此公憬然由是繪像供長春觀事壯繆甚謹殉難時對酌三杯紹興續志○案李鐸府志云公年十六舉於鄉善畫竹石水雲山草

萬歷己酉秋七月先生隨衆赴會城就試不遇返渡釣龍江舟覆溺水恍惚如遇有一人導之前行至一殿甚宏厰榜曰倪黃復導而出出乃泊岸衣裳盡溼先生大異而姑識其事天啟壬戌選館之夕倪鴻寶亦夢之比揭曉倪第一而先生第二兩人各述所夢遂交相得驩甚厥後行事亦相類蓋定數云黃忠端公年譜

倪元琪號三蘭文貞兄弟也館於江西某氏主人庠生而

元琪尚儒童心輕之一日元琪率諸弟子遊抵暮而歸主詢其子今日曷遊先生何言先生指五公座云此間一坐則可掀髯笑曰爾師癡矣頭盧如許一巾未能而作是想吾將揶揄之至館中曰弟有一對煩先生對之敝地山深不宿無名之鳥琪知其言之嘲己也艴然怒曰貴溪水淺難留有角之龍不別而行至浙省中式遂聯捷後視學江西課餘

卮言

趙孟周號泰寰孝友天篤操履方嚴淡於榮利萬歷癸卯登鄉薦丁未成進士授江西南豐知縣擇吉將赴任忽無

疾而終梁湖土人有夜行者見行車襍沓燈火熒煌如印官赴任狀眾皆奇之相傳孟周爲南豐神焉康熙志

上虞民家婦八十餘夏月風雨大作忽失所在其子追訪七八日無可蹤跡遇樵人見於蒿山頂上端坐荆棘中問之不語乃呼其子視亦無知覺後數月乃復舊也留青日札

陳梧狀貌奇偉鬚長三尺遇鄉鄰鬬叱之卽解散無敢譁者植秋漲巨浪撲天見一豕出沒水面人謂有能攫之否梧卽蹈浪挾之登岸明季開府甬東年餘餉不繼親趨嘉興征白糧人苦之糾眾圍之三匝公酣飲數甌突圍出聲

如雷莫敢誰何衆尾之公乘白螺日行八百里渡水如履平地值螺生駒駒行緩頻顧之公怒斬駒騾頂刻顛踣死徒行數十里至夏蓋湖追及之歎曰事之不濟天也遂没於陣死後夜聞兵戈擊鬭聲次日起視田禾蹂躪殆徧如是三年居民爲立廟祀之乃定相傳張湖廟神即梧也采訪

上虞徐中樞字密侯自號都癡道人其詩有維管有阜六章飲酒和陶淵明十首以及燒刀兒王之明穆義士諸作蓋勝國遺黎也著有爨餘一選爨餘一選

國朝

康熙初邑令張某嘗爲某縣丞適寇至率鄉勇保城寇蜂擁遂登焉鄉勇殲屍山積張見衆寡不敵日且暮不得已遂僵臥屍中夜忽夢神徧閲屍名及張謂曰汝當死來慶此非汝死所也張心異之究未識來慶在何郡邑後張以報最擢虞邑未幾奉上官檄葺城一日詣西城見城樓額書來慶大驚曰此吾死所矣遂嬰疾卒 嘉慶志

曹之參同居四世有瑞榆連理之奇邑令鄭僑表其楣曰世德鍾祥康熙庚午秋七月姚虞兩邑山崩榆木風折之參遂病卒 曹江集

工部尚書趙殿最字奏公號鐵巖由上虞遷仁和者三世嘗渡江展先墓小肩輿行蕭山道中與縣尉遇呵之避從者怒公遽下輿避之全祖望鮚琦亭集

陳孝廉崑元少時規行矩步不苟笑言歲戊申餘姚某姓聘爲塾師教甚嚴從遊者多謹飭一夕挑燈夜坐有少婦乘月而至公堅拒之且責以大義慚而退詰旦辭以他故歸終不白其衣履年貌是年秋闈首題乃子曰爲命一章公稿已定忽假寐夢陟家園四望惟水見一鯉側翔波間覺而悟其意乃易前稿得邀鄉薦焉陳西涯行略

同治元年壬戌正月通澤大廟西石壁嶺山路邊雪中忽出一大蛇有花如竹節土人哄傳爲神鞭得之可以擊賊觀者往來不絕蛇常潛現數步間且訛言見賊能吞噬賊亦聞之不敢近視一試亦怪事也南鄉民園紀事

方伎補遺

徐觀海字袖東一字壽石又號幼廬僑居錢塘乾隆庚辰舉人官四川知縣以軍功進秩司馬博學多聞著述甚富工籀篆行楷寫生極有逸趣尤長蘭竹蒲褐山房詩話稱其詩清遠閒放似其爲人墨林今話

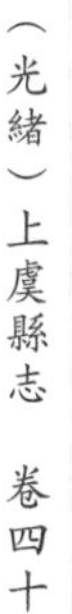

上虞縣志卷四十　　雜志三

上虞縣志　卷四十　　四三

上虞縣志卷四十一

文徵內編

賦

山居賦并序　　宋　謝靈運

古巢居穴處曰巖棲棟宇居山曰山居在林野曰邱園在郊郭曰城傍四者不同可以理推言心也黃屋實不殊於汾陽卽事也山居良有異乎市廛抱疾就閑順從性情敢率所樂而以作賦楊子雲云詩人之賦麗以則文體宜兼以成其美今所賦既非京都宮觀遊獵聲色之盛而叙山

野草木水石穀稼之事才之昔人心放俗外詠於文則可勉而就之求麗邈以遠矣覽者廢張左之豔辭尋臺皓之深意去飾取素儻値其心耳意實言表而書不盡遺迹索意託之有賞其辭曰

謝子卧疾山頂覽古人遺書與其意合悠然而笑曰夫道可重故物爲輕理宜存故事斯忘古今不能革質文咸其常合宮非縉雲之館衢室豈放勛之堂邁深心於鼎湖送高情於汾陽嗟文成之卻粒願追松以遠遊嘉陶朱之鼓棹廼語種以免憂判身名之有辨權榮素其無留孰如牽

犬之路既寡聽鶴之塗何由哉理以相得爲適古人遺書與其意合所以爲笑孫權亦謂周瑜公瑾與孤意合夫能重道則輕物存理則忘事古今質文可謂不同而此處不異縉雲放勛不以天居爲所樂故合宮衢室皆非淹留鼎湖汾陽乃是所居□文成張良却粒棄人間事從赤松子遊陶朱范蠡臨去之際亦語文種云云謂二賢既權榮素故身名有判也牽犬李斯之歎聽鶴陸機領成都衆大敗後云思聞華亭鶴唳不可復得若夫巢穴以風露貽患則大壯以棟宇祛弊宮室以瑤璇致美則白賁以邱園殊世惟上託於巖壑幸兼善而罔滯雖非市朝而寒暑均和雖是築構而飭朴兩逝易云上古穴居而野處後世聖人易之以宮室上棟下宇以蔽風雨蓋取諸大壯琁堂自是素故曰白賁最是上爻也此堂世異矣謂巖壑道深於丘園而不爲巢穴斯免□□得寒暑之適雖是築構無妨非朝市云云昔仲長願言流

水高山應璩作書邙阜洛川勢有偏側地闕周員銅陵之
奧卓氏充釽摫之端金谷之麗石子致音徽之觀徒形域
之薈蔚惜事異於栖盤至若鳳叢二臺雲夢青丘漳渠淇
園橘林長洲雖千乘之珍苑孰嘉遯之所遊且山川之未
備亦何議於兼求　仲長子云欲使居有良田廣宅在高山
流川之畔溝池自環竹木周布場圃在
前果園在後應璩與程文信書云故求道田在關之西南
臨洛水北據邙山託崇岫以爲宅因茂林以爲蔭謂二家
山居不得周員之美楊雄蜀都賦云銅陵衍卓王孫採山
鑄銅故漢書貨殖傳云卓氏之臨邛公擅山川楊雄方言
梁益之間裁木爲器曰釽裂帛爲衣曰摫金谷石季倫之
別廬在河南界有山川林木池沼水碓其鎮下邳時過遊
賦詩一代盛集謂二地雖珍麗然制作非栖盤之意也鳳
臺秦穆公時秦女所居以致簫史叢臺趙之崇館張衡謂

趙築叢臺於前楚建章華於後楚之雲夢大中□居長飲賦楚靈王遊雲夢之中息於荆臺之上前方淮之水左洞庭之波右顧彭蠡之濤南望巫山之阿遂造章華之臺亦見諸史淮南靑丘齊之海外皆獵所司馬相如云秋田乎靑丘徬徨乎海外漳渠史起爲魏文侯所造溉水之所淇園衛之竹園在淇水之澳詩人所載橘林蜀之園林楊子雲蜀都賦亦云橘林左太沖謂戸有橘柚之園長洲吳之苑囿左亦謂長洲之茂苑因江海洲渚以爲苑囿□□□□□□□故□表此園之珍靜千乘讌嬉之所所非覽明幽人憩止之鄉且山川亦不能兼茂隨地勢所遇耳

逵之撫運乘機緘而理默指歲暮而歸休詠宏徽於刋勒狹三閭之喪江矜望諸之去國選自然之神麗盡高棲之意得余祖車騎建大功淮淝江左得免横流之禍後及太傅旣薨建圖已輟於是便求解駕東歸以避君側之亂廢興隱顯當是賢達之心故選神麗之所以申高棲之意經始山川實基於此仰前哲之遺訓

俯性情之所便奉微軀以宴息保自事以乘閑愧班生之夙悟慙尚子之晚研年與疾而偕來志乘拙而俱旋謝平生於知遊棲清曠於山川謂經始此山遺訓於後也性情各有所便山居是其宜也易云向晦入宴息莊周云自事其心此二是其所處班嗣本不染世故曰夙悟尚平未能去累故曰晚研想遲二人更以年衰疾至志寡求拙曰乘并可山居曰與知遊別故曰謝平生就山川故曰棲清曠其居也左湖右江往渚還汀面山背阜東阻西傾抱含吸吐欵跨紆縈緜聯邪亘側直齊平枚乘曰左江右湖其樂無有此吳客說楚公子之詞當謂江都之野彼雖有江湖而乏山巘此憶江湖左右與之同而山嶽形勢城池所無也往渚還汀謂四面有水面山背阜亦謂東西有山便是四水之裏也抱含吸吐謂中央復有川欵跨紆縈謂邊背相連帶迂回處謂之邪亘平正處謂之側直近東

則上田下湖西谿南谷石塚石滂閔硎黃竹决飛泉於百仞森高薄於千麓寫長源於逵江派深毖於近瀆上田在下湖之水口名爲田口下湖在田之下二處並有名山川西谿南谷分流谷鄣水𤳷入田口西谿水出始寧縣西谷鄣是近山之最高峰者西谿便是□之背入西谿之裏得石塚以石爲阻故謂爲塚石滂在西谿之東從縣南入九里兩面峻峭數十丈水自上飛下比至外谿封墱十數里皆飛流迅激左右巖壁綠竹閔硎在石滂之東谿逶迤下注良田黃竹與其連南界莆中也近南則會以雙流縈以三洲表裏回游離合山川嶇崩飛於東峭槃傍薄於西阡拂青林而激波揮白沙而生漣雙流謂剡江及小江此二水同會於山南便合流注下三洲在二水之口排沙積岍成此洲漲表裏合是其貌狀也嶇者謂回江岑在其山居之南界有石跳出將崩江中行者莫不駭慄槃者是縣故治之所在

江之□□用盤石竟渚近西則楊賓接峰唐皇連縱室壁並帶青林而連白沙也帶谿曾孤臨江竹緣浦以被綠石照澗而映紅月隱山而成陰木鳴柯以起風楊中元賓並小江之近處與山相接也唐皇便從北出室石室在小江口南岍壁小江北岍並在楊中之下壁高四十丈色赤故曰照澗而映紅曾山之西孤山之南王子所經始並臨江皆被以綠竹山高月隱便謂爲陰木集柯鳴便謂爲風也近北則二巫結湖兩智通沼橫石判盡休周分表引修隄之逶迤吐泉流之浩漾山巘下而回澤瀨石上而開道大小巫湖中隔一山外智周回在圻西北邊浦出江並是美處義熙中王穆之居大巫湖經始處所猶在兩智皆長溪外智出山之後四五里許裏智亦隔一山出新塚橫山野舍之北面常石野舍之西北巫湖舊唐故曰修隄長谿甚遠故曰泉流常石巘□□□□故曰下巘而回澤裏智漫石

數里水從上過故曰瀨石上而開道休山東北周里山在休之南並是北邊遠東則天台桐柏方石太平二韭四明五奧三菁表神異於緯牒驗感應於慶靈淩石橋之莓苔越楢谿之紆縈天台桐柏七縣餘地南帶海二韭四明五奧皆相連接奇地所無高於五嶽便是海中三山之流韭以榮爲名四明方石四面自然開窗也五奧者曇濟道人蔡氏郗氏謝氏陳氏各有一奧皆相掎角並是奇地三菁太平之北太平天台之始方石直上萬丈下有長谿亦是縉雲之流云此諸山並見圖緯神仙所居往來要徑石橋過楢谿人迹之艱不復過此也遠南則松箴棲雞唐嵫漫石崪嵊對嶺𡶶孟分隔入極浦而邅回迷不知其所適上嵚崎而蒙籠下深沈而澆激棲雞在保口之上別浦入其中周回甚深四山之裏松箴在棲雞之上緣江唐嵫入太平水路上有瀑布數百丈漫石在唐嵫下郗景興經始精舍

亦是名山之流崪嵊與分界去山八十里故曰遠南前嶺
鳥道正當五十里高左右所無就下地形高乃當不稱遠
望𪩘山甚奇謂白礫尖者最高下有良田王敬宏經始精
舍曇濟道人住孟山名曰孟埭芋薯之畛田清溪秀竹迴
開巨石有趣之極此中多諸浦澗傍依茂林
迷不知所通嵚崎深沈處處皆然不但一處遠西則□□
□□□□□□□□□□□□□□□□□□□□□
□□□□□□□□□□□□□□□□□□遠北
則長江永歸巨海延納崑漲緬曠島嶼絪沓山縱橫以布
護水迴沈而縈浥信荒極之綿眇窕風波之睽合江從山北流窮
上虞界謂之三江口便是大海老子謂海為百谷王以其
善處下也海人謂孤山為崑薄洲有山謂之島嶼郎洲也
漲者沙始起將欲成嶼縱橫無常於一處迴沈相
縈繞也大荒東極故為荒極風波不恒為睽合也徙觀其

南術之□□□□生巇□□成衍□岸測深相渚知淺洪濤滿則曾石没淸瀾減則沈沙顯及風與濤作水勢奔壯于歲春秋在月朔望湯湯驚波滔滔駭浪雹激雷崩飛流灑漾淩絶壁而起岑横中流而連薄始迅轉而騰天終倒底而見壑此楚貳心醉於吳客河靈懷慙於海若南術是其臨江舊宅門前對江三轉曾山路窮四江對岸西面常石此二山之間西南角岸孤山此二山皆是狹處故曰生巇勇門以南上便大闊故曰成衍岸高測深渚下知淺也江中有孤石沈沙隨水增減春秋朔望是其盛時故枚乘云楚太子有疾吳客問之舉秋濤之美得以瘳病太子國之儲貳故曰楚貳河靈河伯居河所謂河靈懼於海若事見莊周秋水篇爾其舊居曩宅□□今園枌槿尚援基井具存曲術

周乎前後，直陌壟其東西。豈伊臨谿而傍沼，迴抱阜而帶山。考封域之靈異，實兹境之最然。葺駢梁於巖麓，棲孤棟於江源。敞南戶以對遠嶺，闢東窗以矚近田。田連岡而盈疇，嶺枕水而通阡。葺室在宅裏山之東麓，東窗矚田，兼見江山之美，三間，故謂之駢梁。門前一棟枕巇上，存江之嶺，南對江上遠嶺，此二館屬望，殆無優劣也。阡陌縱橫，塍埒交經。導渠引流，脈散溝并。蔚蔚豐秫，苾苾香秔。送夏蚤秀，迎秋晚成。兼有陵陸，麻麥粟菽。候時覘節，遞藝遞孰。供粒食與漿飲，謝工商與衡牧。生何待於多資，理取足於滿腹。許由云：偃鼠飲河，不過滿腹。謂人生食足則歡有餘，何待多須邪。工商衡牧，似多須者，若少私寡欲，充命則足，但非田無以立耳。自園之田自田之湖泛濫川上緬邈水區濬潭澗而窈窕除菰洲之紆餘毖溫泉於春流馳寒波而秋徂風生浪於蘭渚日倒景於椒塗飛漸榭於中沚取水月之歡娛旦延陰而物清夕棲芬而氣敷顧情交之永絕覲雲客之暫如此皆湖中之美但患言不盡意萬不寫一耳諸澗出源入湖故曰濬潭澗深長是以窈窕除菰以作洲言所以紆餘也水草則萍藻蘊菼雚蒲芹蓀蒹菰蘋蘩蓴荇菱蓮雖備物之偕美獨扶渠之華鮮播綠葉之鬱茂含紅敷之繽翻怨清香之難留矜盛容之易闌必充給而後搴豈蕙艸之空殘卷敂舷之逸曲感江南之哀歎秦箏倡而溯游往唐上

奏而舊愛還搴出離騷敂舷是采菱歌江南是相和曲云
江南采蓮秦箏倡蕪茄篇唐上奏蒲生詩皆
感物致賦魚藻蘋蘩荇亦
有詩人之詠不復具叙本草所載山澤不一靈桐是別
和緩是悉參核六根五華九實二冬並稱而殊性三建異
形而同出水香送秋而擢蒨林蘭近雪而揚猗卷柏萬代
而不殞茯苓千歲而方知映紅葩於綠蔕茂素蕤於紫枝
既住年而增靈亦驅妖而斥疵本草所出藥處於今不復依隨土所生耳此境出藥
甚多靈公桐君古之采藥醫緩古之良工故曰別悉參核
者雙核桃杏仁也六根者茍七根五茄根葛根野葛根□
□根也五華者堇華芫華檖華菊華旋覆華也九實者蓮
前實槐實柏實兎絲實女貞實蛇牀實蔓荊實蓼實□□
也二冬者天門麥門冬三建者附子天雄烏頭水香蘭草
林蘭支子卷柏茯苓並皆仙物凡此衆藥事悉見於神農

其竹則二箭殊葉四苦齊味水石別谷巨細各彙既修竦而便娟亦蕭森而蓊蔚露夕沾而悽陰風朝振而清氣亙捎雲以拂杪臨碧潭而挺翠蔑上林與淇澳驗東南之所遺企山陽之游踐遲鸞鷺之棲託憶崑園之悲調慨伶倫之哀籥衛女行而思歸詠楚客放而防露作二箭一者苦箭大葉一者笄箭細葉四苦青苦白苦紫苦黃苦水竹依水生甚細密吳中以爲宅援石竹本科叢大以充屋榱巨者竿梃之屬細者無筍之流也修竦便娟蕭森蓊蔚皆竹貌也上林關中之禁苑淇澳衛地之竹園方此皆不如東南會稽之竹箭雅此地最富焉山陽竹林之游鸞鷺棲食之所崑山之竹任爲笛黃帝時伶倫斬其厚均者吹之爲黃鍾之宮衛女思歸作竹竿之詩楚人放逐東方朔感江潭而作七諫其木則松柏檀櫟□□桐榆

檞柘穀楝楸梓樫欏剛柔性異貞脆質殊卑高沃埆各隨所如幹合抱以隱岑杪千仞而排虛淩岡上而喬竦蔭潤下而扶疏沿長谷以傾柯攢積石以插衢華映水而增光氣結風而回敷當嚴勁而葱倩承和煦而芬腴送墜葉於秋晏遲含萼於春初皆木之類選其美者載之山脊曰岡岡上澗下長谷積石各隨其方離騷云青春受謝白日昭只詩云鄂不韡韡也植物既載動類亦繁飛泳騁透胡可根源觀貌相音備列山川寒燠順節隨宜匪敦草木竹植物魚鳥獸動物獸有數種有騰者有走者走者騁騰者透謂種類既繁不可根源但觀其貌狀相其音聲則知山川之好與節隨宜自然之數非可敦戒也魚則鰻鱧鮒鱮鱒鯇鰱鯿魴鮪鯋鱖鱨鯉

鯔鱣輯采雜色錦爛雲鮮唼藻戲浪汎荇流淵或鼓鰓而湍躍或掉尾而波旋鱸鮆乘時以入浦鱴鮅沿瀨以出泉鰻音優鱧音禮鮒音附鱮音叙鱒音寸衮反鯢音睍鰱音連鯿音毖仙反魴音房鮪音痏魦音沙鱖音居綴反鱠音上羊反鯔音比之反鱣音竹仚反皆說文字林音詩云錦衾有爛故云錦爛鱸鮆乘時魚鱴音感鮅音迅皆出谿中石上恆以爲玩鳥則鵾鴻鶂鵠鶖鷺鴇鸘鷞鶡繡質鵭鸐綬章晨鳧朝集時鷁山粱海鳥違風朔禽避涼荑生歸北霜降客南接響雲漢侶宿江潭聆清哇以下聽載王子而上參薄回涉以弁翰映明鑒而自耽鵾音昆鴻音洪鶂音溢左傳云六鶂退飛字如此鵠音下竺反鶖音秋鷺音路鴇音保鸘音相唐公之馬與此鳥色同故謂爲鸘鷞鶡鵭鳥見張茂先博物志鸐音翟亦雉之

美者此四鳥並美采質鳧音符野鴨也常待晨而飛鶬音已消反長尾雉也論語云山梁雌雉時哉時哉海鳥爰居臧文仲不知其鳥以爲神也事見左傳朔禽鴈也寒月轉往衡陽禮記霜始降鴈來賓歲莫云鴈北向政是陽初生時萬生歸北霜降客南山雞映水自翫其羽儀者山上則猨貚貍貛犴玃猰猛山下則熊羆豺虎豲鹿麢麖擲飛枝於窮崖踔空絕於深硎蹲谷底而長嘯攀木杪而哀鳴猨音袁貚音魂貍音力之反貛音火丸反犴音五懸反玃音曼似貛而長狼之屬一曰貙猰音安黠反猛音弋生反貍之黄黑者一曰似狐豺音在皆反豲音元野羊大角麢音鬼珉反麖音京能踔擲虎長嘯猿哀鳴鳴聲可翫緡綸不投罝羅不披磻弋靡用蹄筌誰施鑑虎狼之有仁傷遂欲之無崖顧弱齡而涉道悟好生之咸宜率所由以及物諒不遠之在斯撫鷗鯈

而悅豫杜機心於林池八種皆是魚獵之具自少不殺至於白首故在山中而此歡永廢莊周云虎狼仁獸豈不父子相親世云虎狼暴虐者政以其如禽獸而人物不自悟其毒害而言虎狼可疾之甚苟其遂欲豈復崖限自弱齡奉法故得免殺生之事苟此悟萬物好生之理易云不遠復無祗悔庶乘此得以入道莊周云海人有機心鷗鳥舞而不下今無害彼之心各說豫於林池也敬承聖詔恭窺前經山野昭曠聚落羶腥故大慈之宏誓拯羣物之淪傾豈寓地而空言必有貸以善成欽鹿野之華苑羨靈鷲之名山企堅固之貞林希菴羅之芳園雖粹容之緬邈謂哀音之恆存建招提於幽峰冀振錫之息肩庶鐙王之贈席想香積之惠餐事在微而思通理匪絕而可溫賈誼弔屈云恭承嘉惠敬承亦此之

流聚落是墟邑謂歌哭諍訟有諸諠譁不及山野爲僧居止也經教欲令在山中皆有成文老子云善貸且善成此道惠物也鹿苑說四眞諦處靈鷲山說般若法華處堅固林說泥洹處菴羅園說不思議處今旁林藝園制苑彷彿在昔依然託想雖粹容緬邈哀音若存也招提謂僧不能常住者可持作坐處也所謂息肩鐙王香積事出維摩經論語云溫故知新理既不絕更宜復溫則可待爲己之日用也

爰初經畧杖策孤征入澗水涉登嶺山行陵頂不息窮泉不停櫛風沐雨犯露乘星研其淺思罄其短規非龜非筮擇良選奇翦榛開逕尋石覓崖四山周回雙流逶迤面南嶺建經臺倚北阜築講堂傍危峯立禪室臨浚流列僧房對百年之喬木納萬代之芬芳抱終古之泉源美膏液之清長謝麗塔於郊郭殊世

聞於城傍欣見素以抱樸果甘露於道場云初經略躬自履行備諸苦辛也罄其淺短無假於龜筮貧者既不以麗爲美所以卽安茅茨而已是以謝郊郭而殊城傍然淸虛寂漠實是得道之所也

苦節之僧明發懷抱事絕人徒心通世表是遊是憩倚石構草寒暑有移至業莫矯觀三世以其夢撫六度以取道乘恬知以寂泊含利理之窈窕指東山以冥期實西方之潛兆雖一日以千載猶恨相遇之不早謂曇降法流二法師也二公辭恩愛棄妻子輕舉入山外緣都絕魚肉不入日粪掃必在體物見之絕歎而法師處之夷然詩人西發不勝造道者其亦如此往石門瀑布中路高棲之遊昔告離之始期生東山沒存西方相遇之欣實以一日爲千載猶慨恨不早賤物重已棄世希靈駭彼促年愛是長生冀浮已之誘

接望安期之招迎甘松桂之苦味夷皮褐以頹形羨蜉蛻之匪日撫雲霓其若鷲陵名山而屢憩過巘室而披情雖未階於至道且緬絕於世纓指松菌而興言良未齊於殤彭此一章叙仙學者雖未及佛道之高然出於世表矣浮巨公是王子喬師安期先生是馬明生師二事出列仙傳洞眞經云今學仙者亦明師以自發悟故不辭苦味頹形也莊周云和以天倪倪者崖也數經歷名山遇余巖室披露其情性且獲長生方之松菌殤彭邈然有間也山作水役不以一牧資待各徒隨節競逐陟嶺刊木除榛伐竹抽笋自篁擿籜于谷楊勝所拮秋冬藲獲野有蔓艸獵涉蘡薁亦醞山清介爾景福苦以朮成甘以橎熟慕椹高林剝芨巖椒掘蒨陽崖擿橅

陰標晝見搴茅宵見索綯芟菰翦蒲以薦以茭旣坭旣埏品收不一其灰其炭咸各有律六月採蜜八月撲栗備物爲繁略載靡悉此一章謂是山作及水役採拾諸事也然漁獵之事皆不載楊楊桃也山間謂之木子藟音覆字出字林詩人云六月食鬱及薁獵涉字出爾雅朮朮酒味苦櫧櫧酒味甘並至美兼以療病櫧治癰核朮治痰冷椹音甚味似菰菜而勝刋木而作之謂之慕茇音及採以爲紙蕎音倩採以爲染樠音鬱採以爲飯採蜜撲栗各隨其月也

若迺南北兩居水通陸阻觀風瞻雲方知厥所兩居謂南北兩處各有居止峰崿阻絕水道通耳觀風瞻雲然後方知其處所

南山則夾渠二田周嶺三苑九泉別澗五谷異巘羣峰參差出其間連岫複陸成其坂衆流灌溉以環近諸堤擁抑以接遠遠堤兼陌近流

開湍淩阜泛波水往步還還回往匝枉渚員巒呈美表趣
胡可勝單抗北頂以葺館殿南峰以敞軒羅曾崖於戶裏
列鏡瀾於窗前因丹霞以頳楣附碧雲以翠椽視奔星之
俯馳顧□□之未牽鵾鴻翻翥而莫及何但鸞雀之翩翾
流泉傍出潺湲於東檐桀壁對跱硿礲於西霤修竹葳蕤
以翳薈灌木森沉以蒙茂蘿曼延以攀援花芬薰而媚秀
日月投光於柯間風露披清於崐岫夏涼寒燠隨時取適
階基回互橑檽乘隔此焉卜寢翫水弄石邇即回眺終歲
罔斁傷美物之遂化怨浮齡之如借眇遯逸於人羣長寄

心於雲霓南山是開創卜居之處也從江樓步路跨越山嶺綿亘田野或升或降當三里許塗路所經見也則喬木茂竹緣畛彌阜橫波疏石側道飛流以爲寓目之美觀及至所居之處自西山開道迄於東山二里有餘南悉連嶺疊鄣青翠相接雲煙霄路殆無倪際從逕入谷凡有三口方壁西南石門世口南口池東南皆別載其事緣路初入行於竹逕半路闊以竹渠澗既入東南傍山渠展轉幽奇異處同美路北東西路因山爲鄣正北狹處踐湖爲池南山相對皆有崖巖東北枕壑下則清川如鏡傾柯盤石被隩映渚西巖帶林去潭可二十丈許葺基構宇在巖林之中水衛石階開窗對山仰眺曾峰俯鏡濬壑去巖半嶺復有一樓迴望周眺既得遠趣還顧西館望對窗戶緣崖下者密竹蒙逕從北直南悉是竹園東西百丈南北百五十五丈北倚近峰南眺遠嶺四山周回溪澗交過水石林竹之美巖岫隈曲之好備盡之矣刊翦開築此焉居處細趣密翫非可具記故較言大勢耳越山列其表側傍緬□□因以小湖鄰於其隈泉流所湊萬泉所回汎濫爲異觀也

異形首悲終肥別有山水路邈緬歸沈濫肥悲皆是泉名事見於詩云此萬泉所湊各有形勢求歸其路廼界北山棧道傾虧蹬閣連卷復有水逕繚繞回圓瀰瀰平湖泓泓澄淵孤岸竦秀長洲芊綿既瞻既眺曠矣悠然及其二川合流異源同口赴隘入險俱會山首瀨排沙以積巨峰倚渚以起阜石傾瀾而捎巘木映波而結藪逕南瀆以橫前轉北崖而掩後隱叢灌故悉晨暮託星宿以知左右往反經過是非巘澗便是水逕洲島相對皆有趣也山川澗石州岸草木既標異於前章亦列同於後牘山匪砠而是岵川有清而無濁石傍林而插巘泉協澗而下谷淵轉渚

而散芳岸靡沙而映竹草迎冬而結葩樹淩霜而振綠向陽則在寒而納煦面陰則當暑而含雪連岡則積嶺以隱嶙舉峰則羣竦以巇嶬浮泉飛流以寫空沈波潛溢於洞穴凡此皆異所而咸善殊節而俱悅土山戴石曰砠山有林曰岵此章謂山川衆美亦不必有故總叙其最居山之後事亦皆有尋求也春秋有待朝夕須資既耕以飯亦桑貿衣藝菜當肴採藥救頹自外何事順性靡違法音晨聽放生夕歸研書賞理敷文奏懷凡厥意謂揚較以揮且列於言誠特此推謂寒待綿纊暑待絺綌朝夕食飲設此諸業以待之藥以療疾又在其外事之相推自不得不然至於聽講放生研書敷文皆其所好韓非有揚較班固亦云揚較古今其義一也左思

曰爲左右揚　北山二園南山三苑百果備列乍近乍遠羅較而陳之

行布株迎早候晚猗蔚溪澗森疏崖巘杏壇棕園橘林栗圃桃李多品梨棗殊所枇杷林檎帶谷映渚椹梅流芬於回巒椑柿被實於長浦莊周云漁父見孔子杏壇之上維摩詰經棕樹園楊雄蜀都賦云橘林左太冲亦云戶有橘柚之園桃李所殖甚多棗梨事出北河濟之間淮潁諸處故云殊所也畦町所藝含蘂藉芳蓼蕺蘘薺葑菲蘇藿綠葵眷節以懷露白薤感時而負霜寒蔥摽倩以陵陰春藿吐苕以近陽葑菲見詩柏舟中管子曰北伐山戎得寒蔥庾闡云寒蔥挺園灌溉自供不待外求者也弱質難恒頹齡易喪撫鬢生悲視顏自傷承清府之有術冀在衰之可壯尋名山

之奇藥越靈波而憩轄探石上之地黄摘竹下之天門摭曾嶺之細辛拔幽澗之溪蓀訪鍾乳於洞穴訊丹陽於紅泉此皆住年之藥卽近山之所出有采拾欲以消病也安居二時冬夏三月遠僧有來近衆無闕法鼓朗響頌偈清發散華霏蕤流香飛越析曠劫之微言說像法之遺旨乘此心之一豪濟彼生之萬理啟善趣於南倡歸清暢於北機非獨愜於予情諒僉感於君子山中兮清寂羣紛兮自絕周聽兮匪多得理兮俱悅寒風兮搔屑面陽兮常熱炎光兮隆熾對陰兮霜雪慯曾臺兮陟雲根坐澗下兮越風穴在茲城而諧賞傳古今

之不滅衆僧冬夏二時坐爲之安居輒九十日衆遠近聚萃法皷頂偈華香四種是齋講之事析說是齋講之義乘此之心可濟彼之生南倡者都講北機者法師山中靜寂實是講說之處兼有林木可隨寒暑恒得清和以爲適也好生之篤以我而觀懼命之盡各景之懼分一往之仁心拔萬族之險難招驚魂於殆化收危形於將闌漾水性於江流吸雲物於天端覩騰翰之頫頡視鼓鰓之往還馳騁者儻能狂愈猜害者或可理攀云物皆好生但以我而觀便可知彼之情吝景懼命是好生事也能放生者但有一往之仁心便可拔萬族之險難水性雲物各尋其生老子云馳騁田獵令人心發狂猜害者恒以忍害爲心見放生之理或可得悟也哲人不存懷抱誰貿糟粕猶在啟縢剖袠見柱下之經二觀濠上之篇七承末散之

全樸救巳頹於道術贍夫六藝以宣聖教九流以判賢徒國史以載前紀家傳以申世模篇章以陳美刺論難以覈有無兵技醫日龜筴筮夢之法風角冢宅算數律曆之書或平生之所流覽並於今而棄諸驗前識之喪道抱一德而不渝莊周云輪扁語齊桓公公之所讀書聖人之糟粕滕者金滕之流也柱下老子濠上莊子二七是篇數也云此二書最有理過此以往皆是聖人之教獨往者所棄伊昔齠齔實愛斯文援紙握管會性通神詩以言志賦以敷陳箴銘誄頌咸各有倫爰暨山棲彌歷年紀幸多暇日自求諸已研精靜慮貞觀厥美懷秋成章含笑奏理謂少好文章及山棲以來別緣既闌詩慮文詠以盡暇日之適

便可得通神會
性以永終朝
若廼乘攝持之告許養達之篇畏絕迹之
不遠懼行地之多艱均上皇之自昔忌下衰之在旃投吾
心於高人落賓名於聖賢廣滅景於崆峒許遁音於箕山
愚假駒以表谷涓隱巘以搴芳庚宅壘以葆和與陟峩而
善狂萊庇蒙以織畚徐韜魏而采苧皓棲商而頤志鄭寢
茂而敷詞鄭別谷而永逝梁去霸而長噫高居唐而胥宇
臺依崖而穴墀咸自得以窮年眇貞思於所遺老子云善
攝生者莊
子云謂之不善持生又云養生有無崖達生者不務生之
所無奈何絕迹上皇下衰賓名義亦皆出莊周廣成子在
崆峒之上黃帝之師也許由隱於箕山堯以天下讓而不
取愚公居於駒阜齊桓公逐鹿入山見之涓子隱於宕山

好餌朮告伯陽琴心三篇庚桑偏得老子之道居㟪壘之山楚狂接輿楚王聞其賢使使者聘之於是遂游諸名山在蜀峨眉山上徐無鬼魏侯勞之問先生苦山林矣乃肯見寡人無鬼問君紬嗜欲屏好惡則耳目察矣常采茅栗老萊子耕於蒙山之陽著書十五篇言道家之事織畚爲業四皓避秦亂入商洛深山漢祖召不能出司馬長卿高才而處世不樂預公卿大事病免家居茂陵鄭子眞耕隱谷口大將軍王鳳禮聘不屈遂與弟子別於山阿終身不反梁伯鸞隱霸陵山中耕織以自娛後復入會稽山臺孝威居武安山下依崖爲土室采藥自給高文通居西唐山從容自娛也

暨其窈窕幽深寂漠虛遠事與情乖理與形反旣耳目之靡端豈足迹之所踐蘊終古於三季俟通明於五眼權近慮以停筆抑淺知而絕簡謂此旣非人跡所求更待三明五通然後可踐履耳故停筆絕簡不復多云冀夫賞音悟夫此旨也

夏蓋山賦

明　謝讜

夏蓋山何山也堯天南服虞邦北陬自坤靜之奠軸已艮止之凝休燦婺女之曜宇煒斗牛之光留平顛若砥孤横若舟壽睐若展繡幄曠踦若覆蒼甌干霄出雲淩辰迎旭蘭阜映九峯逐賁衡岡友臨谷嘯咤遜岱輿岸客輸天目崛岪嶔巇侔靈鷲崒巃巍嵷亞大復眞太始之秀造下祗之特毓也昔夏后氏夙宵鏟鑿胼胝決排取晏流於泧漻拯元元之鼉鮭永賴奏勳重華悅禪爲萬國綴旒爰省觀而歷徧益僚扶轂駟虬旌電會稽弭節玉帛鱗羅戮其後

至震疊孔多於焉移馭少左東閎渤溟舒翠盖以行睠兹山而鞏停山是以有夏蓋之名也維時聖妃並貢卽次霣蜚於昭厥神遂爲兹山之靈雨暘澤庶千紀綿戴遹搆閟祠以妥以賽更殷迄唐厥稜彌彰側宋遷南兵甲搶攘乃整陰旅而佐戰致天驕之殄亡雖幽績而難泯錫帝祉而忠順之德益光猗曇元之化赫峻蓮居以抗翔紛境毗其藉庇矧丐禧者之奔皇亦有古刹棧巘面陽摩尼法象金碧輝煌一就燼於烈燬聊飭廢復奚傷其上則鍋潭逼巖既澄且漣蝌蟉玉龍時逆時旋蹲文虎於磊石舞松鶴

之蹁躚其下則甘泉湝潒宜醪宜茗羣潛譽揚眩耀頳影怪矣唐柏根久揭而枝榮五其圍而十其仞獨攡槮以傍楹其前則青堆亂隝碧湧鏡湖釣檝閒汎敂倚交呼細荇聯灘鵜叢藻蘩鶬鳧淨塘擎菡萏之麗淵流縱鯈鰋之娛其後則遙嶼參差海濤瀾汗蕩飈鼓怒嶽磓嶺斷銷曀浴陽顯渙淡漫鹽田壯於肩摩魚筏瑣隨影貫鯔鮨枕浪而詭種寶繁蟳蟹穴沙而殊形無算蓋吐璣孕璆之嵝而非淵客鮫人之所玩也其左右皆沃壤腴區衺畻迤隴笠簣耦耕稼穡陵擁廛闠閻之闤曀允耄稚之巔蒙出書聲於

蘿牖酣社酒以歌豳風雖溢潮駭淪而銛鏃遡逢雖珍材窒獻而貞稅裕供唐習所不能邁而齊俗斯爲庸矣時春而山豔也弱蔓蹋燕攢藘轉鶯遊驄駢蔬驛人繹登時夏而山鬱也奏隔葉之清蟬瀉過雨之長澗鎖白雲於石扉搴芰裳於壁蔓時秋而山肅也森柯脫暮猿嘯明月洞簫悲增陟峭時冬而山冽也梅來暗馥六花攪空愕瓊臺之倏聳亂豹跡於樵蹤或寒晨霧滃魑魅四被或暄晚霞張絳生凱賁或箘簵偃飈欻撩詩意或軒礚鐘鳴塵夢自避或閴寂以探冥眄灑瀹之異或虓鼇以窮畋獲走飛之備

或曳嵐而錦蘂翳或綴露而瑤芳賁萬態呈妍萃奇夸世余也邇居而會景時眺而愜心每摛詞以摹勝竟敷概而遺沉孰知山之於余已融機於昔而余之於山可忘言於今也有不能忘言者聲之歌歌曰覩河洛兮思禹功禹有蓋兮山已空卿雲爛兮帝宫文命敷兮明夏同衡門陋兮化日融聊擊壤兮歌時雍

賓湖賦　謝讜

蓋山子一日兀坐草堂遐聽野鶴朋儔絕臨懷抱頗惡忽有客來自西郊充充落落厥裘惟輕厥巾惟角近逍遥之

莊生類傲放之康樂蓋山子乃張目以瞻肅容而作知其爲竹林夙侶斯文先覺相與諷乎四詩亦浪談乎八索既而白雲墮影清風徐來胡奴將命戮魚淨杯獻酬屢屢玉山欲頽陶然鼓興分題展才蓋山子遂製賓湖之章其辭曰虞邑有勝蓋湖爲多發源萬壑支流白河南排鳳嶠東擁龍坡滄溟北繞沃壤西羅芻子晨往漁烟曳簑漁人晚罷欸乃肆歌鷺依蘋而玉立鯉傍藻而擲梭木鬱彧以拱岸花繽紛以映波時春則万芽茁青鶯喉遙囀日暖泥融爭飛紫燕時夏則蒲劍横洲蓮妝映面陣陣蜻蜓依稀交

戰時秋則鴈落清音楓顏倏變霜降水涸涯涘盡見時冬則冰玉嶙峋雪揚手片一鳥不飛釣垂獨線或天風微動浪醒鷗眠或斜陽開霽霞齊鶩鶱或浸當空之月或招過雨之泉或瀠瀠以開鏡或搖搖以颺舡西湖媲麗鑑湖並妍主人賓此意豈徒然不與東南締美不與禮度周旋不與繾綣乎懽爵不與講究乎簡編相對忘言有親無斁罔計歲年弗拘朝夕詎始密而中疎實情投而意戚剏其召之不至遠之不隔鄙孟嘗之三千邁田横之五百允矣鹿鳴之嘉展也魚麗之德是以賓之愛主百年不足多主之

愛賓三公不足易主贈賓以百篇賓酬主以一碧事未前聞樂將胡極愧上林之羨材乏蟠扁之勁力佳趣難彰幽懷莫測祗貽蓋湖之羞何以取主人之懌主人曰不然吾將邀吾賓謝吾子構軒於原勒文於石旣徜徉乎四時且光昭乎萬歷

覆卮山賦　　葛焜

節彼兹山兮奠南離上干雲霄兮勢崔嵬介虞剡兮壁上與會稽兮名齊虎豹兮林藏蛟龍兮窟居昇神仙兮千古寄高興兮一卮憶先公兮遨遊借巖壑兮枕棲山之靈兮

人亦顯人之傑兮山增輝胡歲月兮不待嗟主人兮已非
渺余懷兮耿耿爰陟岵兮興悲仰昊天兮罔極望白雲兮何歸曲澗流兮花落空谷應兮鵑啼詢樵夫兮指迷路逢野老兮道故事景自美兮不辰事可樂兮心違閱長江兮哀孝女覩驚濤兮弔子胥感今昔兮一瞬忽洒淚兮歔吁倚岡阿兮憩息尙四顧兮徘徊沃淵天姥兮爲目爲眉四明五泄兮競秀爭奇雖舉睫兮可及且先讓乎風流狂客之所宜懼行踪之或混聊述志於微詞

詩

述祖德　　南北朝　謝靈運

序曰太元中王父龕定淮南負荷世業尊主隆人逮賢相徂謝君子道消拂衣蕃岳考卜東山事同樂生之時志期范蠡之舉

達人貴自我高情屬天雲兼抱濟物性而不纓垢氛段生蕃魏國展季救魯人弦高犒晉師仲連卻秦軍臨組乍不緤對珪寧肯分惠物辭所賞勵志故絕人苕苕歷千載遙遙播清塵清塵竟誰嗣明哲時經綸委講綴道論改服康世屯屯難既云康尊主隆斯民

中原昔喪亂喪亂豈解已崩騰永嘉末逼迫太元始河外
無反正江介有蹴圮萬邦咸震懾橫流賴君子拯溺由道
情龕暴資神理秦趙欣來蘇燕魏遲文軌賢相謝世運遠
圖因事止高揖七州外拂衣五湖裏隨山疏濬潭傍巖蓺
枌梓遺情捨塵物貞觀邱壑美

石壁精舍還湖中作　謝靈運

昏旦變氣候山水含清暉清暉能娛人遊子憺忘歸出谷
日尙早入舟陽已微林壑斂暝色雲霞收夕霏芰荷迭映
蔚蒲稗相因依披拂趨南逕愉悅偃東扉慮淡物自輕意

愜理無違寄言攝生客試用此道推

於南山往北山經湖中瞻眺　謝靈運

朝旦發陽崖景落憩陰峯舍舟眺迥渚停策倚茂松側逕既窈窕環洲亦玲瓏俛視喬木杪仰聆大壑瀧石横水分流林密蹊絶蹤解作竟何感升長皆丰容初篁苞綠籜新蒲含紫茸海鷗戲春岸天雞弄和風撫化心無厭覽物眷彌重不惜去人遠但恨莫與同孤遊非情歎賞廢理誰通

還舊園作見顏范二中書　謝靈運

辭滿豈多秩謝病不待年偶與張邴合久欲還東山聖靈

昔迴脊微尙不及宣何意衝飇激烈火縱炎烟焚玉發崐
峯餘燎遂見遷投沙理旣迫如邛願亦愆長與懽愛別永
絕平生緣浮舟千仞壑總轡萬尋巔流沫不足險石林豈
爲艱閩中安可處日夜念歸旋事躓兩如直心愜三避賢
託身靑雲上棲巖挹飛泉盛明盪氛昏貞休康屯邅殊方
感成貸微物豫采甄慼深操不固質弱易版纆曾是反昔
園語往實款然曩基卽先築故池不更穿果木有舊行壤
石無遠延雖非休憩地聊取永日閑衛生自有經息陰謝
所牽夫子照情素探懷授往篇

過始寧墅　　謝靈運

束髮懷耿介逐物遂推遷違志似如昨二紀及兹年淄磷謝清曠疲苶慙貞堅拙疾相倚薄還得靜者便剖竹守滄海枉帆過舊山山行窮登頓水涉盡洄沿巖峭嶺稠疊洲縈渚連緜白雲抱幽石綠篠媚清漣葺宇臨迴江築觀基曾巔揮手告鄉曲三載期歸旋且爲樹枌檟無令孤願言

南樓中望所遲客　　謝靈運

杳杳日西頽漫漫長路迫登樓爲誰思臨江遲來客與我別所期期在三五夕圓景早已滿佳人猶未適即事怨睽

攜感物方悽戚孟夏非長夜晦明如歲隔瑤華未堪折蘭苕已屢摘路阻莫贈問云何慰離析搔首訪行人引領冀良覿

田南樹園激流植援　謝靈運

樵隱俱在山由來事不同不同非一事養痾亦園中中園屏氛雜淸曠招遠風卜室倚北阜啓扉面南江激澗代汲井插槿當列墉羣木既羅戶衆山亦對牕靡迤趨下田迢遞瞰高峯寡欲不期勞卽事罕人功唯開蔣生逕永懷求羊蹤賞心不可忘妙善冀能同

酬從弟惠連　　謝靈運

寢瘵謝人徒滅迹入雲峯巖壑寓耳目歡愛隔音容永絕賞心望長懷莫與同末路值令弟開顏披心胸其一心胸既云披意得咸在斯凌澗尋我室散帙問所知夕慮曉月流朝忌曛日馳悟對無厭歇聚散成分離其二分離別西川迴景歸東山別時悲已甚別後情更延傾想遲嘉音果枉濟江篇辛勤風波事款曲洲渚言其三洲渚既淹時風波子行遲務協華京想詎存空谷期猶復惠來章祇足攪余思儻若果歸言共陶暮春時其四暮春雖未交仲春善遊遨山桃

發紅蕚野蕨漸紫苞鳴嚶已悅豫幽居猶鬱陶夢寐佇歸
舟釋我吝與勞其五

石壁立招提精舍　謝靈運

四城有頓躓三世無極已浮歡昧眼前沈照貫終始壯齡
緩前期頹年追暮齒揮霍夢幻頃飄忽風電起良緣迨未
謝時逝不可俟敬擬靈鷲山尙想祇洹軌絕溜飛庭前高
林映窗裏禪室棲空觀講宇析妙理

泛湖歸出樓中翫月　謝惠連

日落泛澄瀛星羅游輕橈憩榭面曲汜臨流對迴潮輟策

共駢筵並坐相招要哀鴻鳴沙渚悲猨響山椒亭亭映江月瀏瀏出谷飈斐斐氣羃岫泫泫露盈條近矚祛幽藴遠視盪諠囂晤言不知罷從夕至清朝

送孟博二首　宋李光

我昔在閭里燕居處中堂兒女滿眼前嬉戲羅酒漿戚命忽臨門一物不得將回顧堂中人獨汝在我傍舟行有蛟螭夜宿畏虎狼豈無平生交鄙遠多遁藏古藤邸處所敗驛無垣墻急雨扶風雷漏水夜投牀竹屋聞號呼老兵凍欲僵羣僚誰復顧獨見李與黄時時餽一臠稍稍葺雨廊

生意春欲回倒景照屋梁散步得幽徑讀書有明窗僕夫浣我衣隣娃縫汝裳晨庖鱸鱠美密室沈水香文字可消憂探索易老莊我唱汝輒和不知歲月長葛洪急勾漏蒼梧眞帝鄉汝歸固不惡淹泊庸何傷作詩送汝行示汝鴻雁行

我少事遠遊出門如野鶴藩籬脫雞羣乘風縱寥廓一往四十年平地起小嶽世緣眞夢幻電過不可捉南來幾萬里顧笑恍如昨昔如雲釋嶠今若龜脫殼朅來客江上風物喜湻樸豈無鄉土戀浮念起卽覺汝歸暫歡顏所念路

悠邈朝行避煙瘴夜宿傍城郭臏誇魚米賤勿說風上惡
噸送與笑迎但可付一噱
再題百官步　李光
茆舍荆扉尚宛然重來白首記當年幾回倚杖沙頭路獨
立蒼茫喚渡船
宰餘姚道詠虞山水二首　趙子潚
重華遺澤在東州景物留奇聚勝遊翠溼金罍山獨秀碧
環玉帶水交流
山自南來崇地位水從東去泳江流徘徊四顧情何限直

欲於中構小樓

寓居等慈寺感懷　趙善傳

欽從王命寄招提寂寂荒堦綠草齊明月夜深穿佛閣看來不比汴梁時

車輅院書懷　趙善信

地僻人稀到兀然對百樓墨花香入硯詩草色傾甌晝迴抛書睡雨餘著屐遊還須期報主檀爇紫雲浮

竹深燕客於壽樂堂卽席賦詩一章　明　朱右

湖水茫茫漲碧波故人風雨亦來過詩成屢作淸平調醉

後同聽白苧歌氣味關情於我厚文章有道屬君多華箋落筆成千首不覺銀蟾挂薜蘿

新居既成重辱竹深識趣二先生下訪就用見貽之韻以答來意　朱右

重湖新水入河平風送仙舟蕩槳輕窮巷結巢甘草野高軒飛蓋拂林旌尊傾竹葉當窗飲春透梅花照眼明尤羨塤篪相唱和詩壇森衛若陳兵

自蒸溪上湖頂至查湖唐志道別墅　謝肅

芳蒸溪上度橫橋一逕緣山廿里遥懸溜百尋穿石罅時

瞰五色上林標振衣蘭岳乘雲氣散髮蘿巖看海潮晚酌

隱君湖墅好白鷗波闊樹蕭蕭

寄劉垣之　葉砥

林下婆娑白日遲西風吹鬢也絲絲謳歌自放唐虞世箋

註新傳漢魏詩芸閣蒸煙過夜半草堂花雨及春時城中

喬木無多在楚水吳山只遠思

查湖歌　姚輯

虞東古有查氏仙隱居樂道湖之邊仙成已去千餘年至

今湖上名猶傳湖名大小二十里清澈瑩似冰壺天百頃

洋洋浸碧玉四山疊疊開靑蓮桃花春水泛紅浪楊柳東風搖綠烟五月淸流浮菡萏九秋紅樹鳴寒蟬瀛州雖勝渺何處東海茫茫隔烟霧我家峽石文獻族祖宗分來濱湖住窗涵烟水四面開岸葦汀蒲接行路竹間鸂鶒熟如馴簷外白鷗來復去風流不減地仙居門對湖山好淸趣

陳公貴水西莊四首　　　　　　謝　澤

今朝佳雨歇風日澹柔和芳塘春水足渙渙浮晴波桃李結淸陰好鳥鳴聲多招邀從所務其如幽興何

結構交平疇開軒見新綠山中昨夜雨淸溪漱鳴玉一二麥

喜新收家家餅餌足呼酒覓東鄰共唱南風曲

風雨幸調和西莊遂幽討負杖步芳郊曠望千里道百穀

得新晴村村收割早有客山中來也說今年好

賦稅喜新足燕集皆良儔寒天苦日短夕陽滿西樓山中

有松柏靄靄連雲稠願託歲寒契永遂林泉幽

寄雙溪姪戍鎮番十首之四　徐濟

仗劍離京慘別魂至尊不是少仁恩防邊有策人知否故

使英雄鎮北門其二

文武匡君一樣心只緣一事有升沈開門不放胡兒去十

里腥風馬上擒 其三

背負長戈萬里行百年井臼獨關情不知昨夜深閨夢落在關山第幾營 其五

落日城頭急暮笳胡風吹雨陣雲斜逢人莫說鄉山好自古忠臣不顧家 其七

擬古三首送姪師聖僉憲西川便省東越　　徐學詩

行行重行行送子燕之圻凱風自東來吹彼楊柳枝如何連理親折此贈遠離晤言未終竟征馬忽以嘶丈夫志四海胡但傷臨歧顧兹相須股執手重踟躕達士策奇勛努

力在明時行矣勿復道皓首願相期

行行重行行送子憶故里故里渺何許瞻望片雲起誰無
南枝懷況切北堂倚老父前月歸緘情獨寄此今爾復言
邁看雲還陟屺遙憐趨庭辰想像何能已長風振高翮洪
流馳巨鯉攬轡登前途萬里從茲始

行行重行行送子適西蜀高會集英僚清商激妙曲相顧
獨黯然戚戚誰爲歷傷此遠別離而更在異域劍閣摩層
雲峽濤振窮谷信茲行路難壯遊恥跼促況當彊盛年高
軒抗長轂勗哉愼馳驅昔賢有芳躅

白鷗莊別業　　謝讜

犖石浮晴渚幽居依碧霞簷頭蘿沒磴竹外水穿沙蘚徑雙吟屐鷗天一釣槎漁郎忽來到應是失桃花

過五大夫里懷前侍御潘雲麓　　葛泉

大夫故里五松隈落日荒荒杜宇哀雲度白湖隨鳥沒嵐收青嶂逐人來浮香閣下草俱歇疊錦溪邊花亂開憶得曩時驄馬客春風吹不到泉臺

送弟友俊起復之京　　王伯端

泰運肇洪武戡黎一區宇謨烈出聖明夾輔藉肱股紀歷

三十春須告敷下土匪惟版築求盛之草廬顧念汝齒方
富素業在鄒魯薦剡著英聲亨衢遂高舉白日凝飛霜蒼
生安如堵聲聞風木悲號奔淚泉吐卜葬歸高岡音容渺
何所讀禮始聞意寸心懷報補仍著獬豸冠復展層霄步
富貴何足論忠良當自許白玉梅敷英黄金柳垂縷匹馬
躍東風天開五雲曙

旌節婦馮氏　　朱再期

早年天爲奪梁鴻曉枒昏燈萬感鍾罄産償官鏤骨髓扶
衰撫穉皺眉峯曹娥江上中秋月天姥山前百歲松一點

貞必參宇宙先題家史待褒封

水東精舍　陳繼疇

半暝上虛閣開樽對夕陽人將花共老心與日俱長樹密藏遊舫鶯啼過石梁濯纓吾黨事餘響發滄浪

起田七侄以濤夏有閩中之行三律爲贈錄二　徐如翰

論交童穉早惜別壯年輕佩劍囊雖澀看人眼尙明西陵烟水盡梨嶺樹雲橫莫動鄉園思天涯自在行

客程休計日旅思任飄蓬郵酒菖蒲月山花茉莉風暮涼

微醉後曉發獨吟中忽憶歸來日庭前雙桂紅

哭孝娥　　俞伯龍

明月照江水清風揚素波緬懷曹氏女哭父江之沱捐軀入重淵情至無如何男兒既將相殺身誠不多大義君與親百歲無蹉跎嗚呼黃絹碑千古不能磨

蓋湖夜汎　　倪元璐

湖口交雲腳憨烟一萬梢盲舟逢石怒狂韻解山嘲野有螺開舍人如鳥失巢愁憐方結陣豎指畫乾爻

曹娥祠　　倪元璐

浪影日夜翻一翻一酸楚憑舟認碑氣神童而廟古㡾汗洗籀文蝕口箋痛譜健哉十四姝脛走天吳府載沉復載浮潮汐共吞吐神人相媚時波心五月五盱有技絕倫媚神以妙舞神何以報之媚盱以死女不由盱有女那知娥有父一浪使盱腐再浪使娥俎誰云死娥處不是生娥所茫茫忠孝魂入水即水主近從西江頭劃來濤一縷一衣帶水耳翻出奇如許

家居即事　倪元璐

閒來自覺頗仙仙門外青山屋裏泉收七百秫已了酒賣

三十餅不論錢攀花檻諫無春盡臥月轅留到曉前如此豪酣如此韻道人元不喜枯禪

憶母遂病三上疏求歸不允卻賦十首　錄二　倪元璐

去住尋常事千圖萬不能臂消月半寸醞戀日三升徐庶臥龍代燕昭死駿與如臣直可放聖主意深宏　其一

春明門蕩蕩我望似鴻溝曲有公無渡藥名王不留身星背驛馬手疏謝江鷗只爲恩深重無緣學沐猴　其十

涂德公大學以疏救予友石齋廷杖遣戍便道訪予山中臨別感賦二首　錄一　倪元璐

纔接雲虹氣吾旗已豎降一浮鋤水宅共倚叫山窗公有舟名

鋤水齋窗聯曰叫山山應邀月月來蔣筞能無徑潘才信若江不須邀月上君面有銀釭

上虞縣志卷四十一　文徵內編一

上虞縣志卷四十二

文徵内編

詩

寄懷閶公族弟　　國朝　倪會鼎

別久鍾山老情深内史新還操封禪表遠邁樂游人曼倩門堪避歐陽草不貧五文餘業在藉爾步芳塵自宋迄明倪氏以文爲謚者五

青史君千載黃冠我半生陽秋當晉篇脈望饜書輕夜雨牀難並池塘夢欲成郵筒共花蕚不畏石頭城

太保雨田公惠德祠十首　倪會鼎

金陵水旬事艨艟快艘重添類轉蓬但以繭絲加壁壘竟忘劍氣仗崆峒挽漕萬纜官爲政應調旬時力可通何獨南軍承此役頻連湯水盡樊籠

艅艎絡繹走天津倍道兼行苦未勻豈謂昆明須練鷁坐令羽騎盡懸鶉誅求不息逃亡籍朘削難同壠畔氓莫説石壕斯更甚先時補伍只據身

規模遠大不忘兵無限黃頭是謝聲羽遏程途仍供億雲屯貔貅貲責逢迎狼饕已竭生無計蠶食多方變已成損益

由來皆氣運郎官供職暫經營

琳宮習禮候鳴雞朝天宮有官書禮處列陛千官鵠立齊敢以閒曹

虛歲月特因至計效刀圭不施枕簟形爲瘠遑問戈矛附

欲擠幸得回天成石畫一時感泣動蒼黎

經年報政盡歡呼特上新編佐廟謨上船政新書欽依頒行板存祠中歲

省金錢難數計澤垂樽俎永沾濡璽書勞問還銘鼎椽筆

揚光非濫竽者舊殷勤談往事流膏盡若醉醒醐制詞有云息弁璫則歲省金錢萬計新船政則民留尸祝千家又曰釐二百餘年之積蠹予四十八衞以更生使根本之地固以苞桑尸祝之情延其俎豆其爲功德炳如日星崇正間有御史奏南京自倪某新船政之後積貯至今已踰數十餘萬

應下司農清核王弇州四部稿載倪公新船政爲百世利顧璘初客座贅語云倪駕部出四十八衛於湯火其子孫願世世祝倪君不衰朱蘭嵎先生云倪公必大其後近日龔芝麓口王觀察云有欲變更船政者公力持之民賴以安皆實錄也

蒿心到處念痌瘝斗血爲枯髮早斑嘗云吾斗血咯爲艅艎嘔盡特以兵農歸至計敢忘舟楫濟時艱議酬殊擢辭成命政府以璽卿及衡文酬功力辭不受且乞歸耕早放閒揚歷一生臣道畢獨留輿頌滿塵寰

治城寂寂大江浮遺廟猶存已百秋不爲五千講道德還因百萬祝貔貅垂恩共道桐鄉好墮淚還較峴石優錯落

諸孫皆老大空懺風雨費綢繆

朝天宫畔卞公祠德惠祠連事亦奇仲父矢心殉聖主阿翁有意得佳兒烝嘗並舉存尸祝膾炙留芬共口碑忠孝一門今視昔全歸攜手慰鬚眉

荆榛無復見銅駝淮水湯湯日夜波白社猶能存舊典甘棠正復長新柯故鄉墓碣瞻依遠千里祠宫感慨多肸蠁還應先此席鍾山風雨黍離歌撫州淮安荆州瓊州俱有特祠而瓊州又有倪公井倪公城諸迹

文德橋邊領多士雞鳴山下冠膠庠先侍御三蘭公以蘇松督學有事賓興先

文正以南司成掌翰林院遷揚言先世推經術珥筆明時
宮坊例應主試南畿辭不就
盛廟廊樗散纔能守清白丹鉛不復別驪黃典模夙昔思
無盡汗下霪霪淚滿裳

五君詠　　徐承清

善伯先生一諱爾

縱姿終賈轍英挺驅先哲赤驥捷千里搏謇舒婷節矗目
斡八荒抵掌震宮闕灑泣表忠靈死祖起泉穴東江天柱
摧驚叫籓籬抉獨喙爭羣鴉熊魂奠杯血時事乃日非呼
天賜百折銅駝會將移至言等纖吷耿耿格人心慘慘江

山咽啼鵑帶血歸千古欽風烈

一我先生諱觀復

一往護龍性志立天可勝宮徵變文章忍定能造命擢穎姚宋材豈云百里竟堅非石可方元冰凝清瑩非傲矯矯臣衆獨砥囂競奮身退急流木石處季孟佞佛撲炎火逃禪脫機穽忽然天日墜隕涕忘劇病登山悵錢塘急洗頭顱淨浩浩投刼灰叉手入圓定

雲光先生諱如斗

善人南國紀初不闕圭璽道風足起衰吾黨共仰止淵心

獨古懷續我南孺子積素樹瓊枝靈珠落寸紙藐末萬夫雄裳霧潤豹理緝緝下風行肅肅著端軌高者樂就裁卑者袪穢鄙江河聽操瓢腹果洽甘美水火調族情淡交無遠邇奬掖後昆賢掩口絶非毀養眞寄宿痾杜門避塵滓久矣我忘吾遠然返宅里

扶搖先生諱景麟

勁翮培風早鋭穎脫知非道路意南北履危獲祥機風波老學識戰勝乃獨肥委蛇善戲謔矢口集芳菲競綵兩無礙中庸其庶幾

漢官先生諱復儀

十年扼老驥，坦道遭顛躓。旦暮乃舒眉，蠖然多瘡刺。解褐上幽燕，孤臣血盈眥。風雨巢南枝，長江渡北騎。請看何等時，卿命走湞試。干戈滿天涯，一縷斯文係。電閃閩途中，南冠易染剃。髡髮酬君親，抵死矢無二。除卻酒與醒，唯餘骨與氣。膽前父皓首，顧後寡幼稺。貞此一寸心，困憊無噤悸。待盡一草菴，兀兀同翳榴。全身歸夜臺，庶不夷齊媿。

懷阮羽赤羽赤余束髮時同學友也博學工詩古文詞各判者十餘年矣今年春半聞猶在長安心甚懷之

俞得鯉

竹林大阮更稱賢隱竹齋中侶異仙醉至爲傾河朔酒興
來時逐剡溪船長安索米遲高士短髮鈔書忘大年終日
思君何所見河橋常帶綠楊煙

登蓋山絕頂書壁　俞得鯉

絕巘參天出柔風拂雨來鳧隨雙舄至石似五丁開海氣
蟠龍閣湖光上佛臺啣杯忽長嘯眼看一春纔

讀葛百岡先生覽編　先生上虞人生隆萬間好周覽佳山水多著作與徐文長爲生死交　俞得鯉

漫説無知己開編卽契君神猶三楚結齒度百年芬與會

羣司馬風流一右軍挑燈長歎息吾硯正須焚
高躅今何在相看若有緣爾官非不達吾迹媿猶邅山水
餘佳話雲霞出覽編人生總儻極一字可無傳
答沈清遠見招　宋志學
五十年來已息機荒齋終日掩蓬扉衰頹不合輿朝佐容
我空山老布衣
懶隨袍笏侍金門桑柘閒閒長子孫幸藉故人傳好語餘
年終荷聖朝恩
附原詩

烽煙盪掃海波清爭向旂常動績銘紅霧初開朝日上
不應更作少微星

蘿岫山中皂水濱沙鷗野鶴稱閒身思求助理呼將伯
知否朝端有故人

擕皆兒過董生　錢霍

我來求友空山裏山人獨往收松子向夕擕筐樹下來雲
生茅屋茶煙起松花爲飯桂爲糧醉卧池邊冬夜長東方
乍白寒暉動數聲睡鴨叫南塘空濛朝氣歸寥廓子亦將
雛入城郭君行采采莫相忘夜來松子風前落

此詩可載入祠祀志曹娥廟下

孝女曹娥廟　錢霍

孝女祠堂官渡邊漢碑黄絹蔡邕傳江流不轉千年石風俗空喧五月船翠柏森森圍古墓青山疊疊擁平川遺容寂寞精靈杳夜夜招魂哭杜鵑

南山草堂　曹章

築室南山陲退閒欲終老綠竹覆前庭青松夾曲道危石咽泉聲寒漪舞凋藻鳥啼當自喚花落無人掃閑圃種仙朮荷鋤薙春草時來會山翁談元恣幽討胸中無纖塵長如秋月皎世事非吾願惟有從所好日月有盈虛天地終

枯槁冉冉老征途入山苦不早

被放歸廬卧病逾歲平陽天岳和尚以詩慰問并惠扇牘

答謝　徐咸清

出岫雲無意投林鳥自歸何來華藏雨時拂薜蘿衣夢斷銀龍漏心隨錫鶴飛曼殊垂一問滿院藥苗肥

多病人疏至醫王不可量書來甘露灑風過木犀香白鳳飛燈下青蓮放枕傍夢中聞妙句讀罷覺身强

家大文林鴻兩弟同徵　徐咸清

風急天高送雁音徵書同拜帝恩深南州冠冕推徐穉

徐玫林鴻非實人徐大文亦非實人此詩不可刪之而妙

東國人倫重郭林駒谷有人如白玉燕臺爲爾築黄金臨軒若問年來事莫負家傳濟世心

贈孝子張德宏先生入祠　范嘉業

沉江負父屍曹娥孝如彼刺賊復父仇張公孝如此孝道無古今況復同桑梓堅此不忍心各爲父母死但知事竭力何知兵與水吁嗟乎孝子苦心苦行能若是廟貌繪孝女祠應祀孝子

東山石壁精舍懷謝康樂　曹恒吉

山静生古意游子暫息機煙霞日變幻魚鳥時因依雨過

溪流急雲開雲影微樓臺縱杳冥芰荷猶芳菲惟有幽人興所忻知者稀狂言發清妙昔人何所歸

雲間石贈王子懷王生子懷母病扶持滌襏爲人所難藥不效禱神乞代卜乩曰君子肉雲間石可愈時冬十一月寒風徹骨夜半登蘭芎山巔尋葛仙翁丹井求所謂雲間石者迄不獲則焚香封股投藥中事秘不傳母死子懷肉盡骨立左首痛墜不舉事稍稍聞父兄宗族交遊嘖嘖稱之　曹恒吉

公家樹頭百尺高烏生五六棲危巢老烏窮生雛反哺啞啞切切枝上號嗟哉異類尙如此顏氏烏傷標靑史可以人而烏不如君今不愧靑箱子靑箱家世淮水長郄從濟陰學書倉問予奇字能有幾天姿皎潔凌冰霜參污有崇

公之母半載沉痾行黃土金縢夜夜北斗寒司命旣聾蒼天瞽黔洩蔡啞古人蹤子懷懷古欽高風泣淚淚冰僵且立介推封股眞豪雄剸刃刺臂血狠籍三載收藏應化碧不救母病一須臾滿座聞之共太息君不見三石江頭一雙魚鑿冰求之有素書銜風帶霧深山裏雲間之石天下無

楊園懷古 楊園者宋駙馬都尉楊鎭之別墅也在上虞城西二十五里大板橋東面山襟河臺榭杳然弗存矣平者爲田高者爲地又高者爲纍纍塚墓獨南北兩池尚在往時耕者常得古甆器甚多皆宋物也余按楊氏由甯后恩封其兄次山爲冀王次山子谷永甯王石魏王一門節鉞數傳又尚理宗女端孝公主於鎭一

時之烜赫極焉獨鎮至宋敗二王走閩廣鎮提舉府事元兵追之鎮曰事急矣吾將就死於彼以緩追兵二王得免雖碙厓顛沛止延旦夕而鎮之孤忠竭矣事載宋史不可泯也若之何由元而明越虞郡邑志中並無片言隻字以表闡四五百年之忠臣烈行豈不謬哉

曹恒吉

平蕪一望舊吳宮禁籞於今荆棘中音斷秦簫留夜月煙橫魯館哭西風但知松柏千年綠不見鶯花滿地紅荒壟惟增新故鬼野人憑弔句難工

雙烈祠蓋山謝家塘兩烈婦死節一十六載海塘衝決日甚郡守李公鐸始議建祠朱子景韓身任之亦稍慰烈婦精魂矣

曹恒吉

貞魂未雪滿天愁怒翳沙隄二八秋兩兩新詩冤浩魄先案

生有蓋山金烈婦謝雙雙完璧抵中流芒驚星斗痕猶溼
家塘陳烈婦婦二詩
血濺蛟龍哭未休冷廟瓣香千古在清風到處水悠悠

題簡韓豐穀先生　范蘭

歲方暮東市囂塵日成務碧堂先生東市頭閉門自養梅花樹太平米值斛一千又逢恩詔鐲明年先生擁書三萬軸不道花時無酒錢花時但得酒中趣此外何求復何慮坐看梅枝有雪無風霾賒酒吟花過年去

贈豐穀韓先生　范蘭

世業班蘇後文章李杜間兩京爲客遍一榻讀書閒花竹

時成夢王侯不入顔願隨高屐去長奉折巾還
與汝爲獻可錫及會飲金罍觀因名曰秋亭卽席各賦秋
字韻一首七月十一日　范蘭
尊酒會丹邱吟詩散遠愁仙隨飛鶴去人與白雲遊古往
今還在山空水自流不知行樂地此日可千秋
同趙獻可遊步西南城登長者山　范蘭
歲暮當何事招邀得舊遊和歌粱父曲同上佛門樓井市
依山合雲嵐傍水浮夕陽今古意耦坐一搔頭
寄送林子綏還閩　范蘭

紫髯方頰碧襜襦三尺青萍一唾壺醉後漫歌元夜曲逢人好示小山圖明嘉靖間閩有林公號小山者丞吾虞作閩越奇觀圖謝海門爲之序上虞元夜曲則子綏近作也

與陳星瑞　范蘭

南塘荷花飄北園桂花發與君花邊行繞弄花上月君今遑遑欲何好古山蕨薇垂露老月明悠悠花滿衣往來且此秋山道

題趙陳氏節卷陳氏翰林木生公女　范蘭

嗟嗟陳氏鳳凰雛十六爲婦十五孤珊瑚之枕象牙簟從

夫未娶早從姑出門夫死城頭血入門姑淚城頭月卻拜姑前不敢傷但言妾在姑何闕姑方爲母妾爲子姑有終年妾如始逝將白首同所歸誰道紅顔愁不死紅顔白首黯無聲單鵠離鸞慘不驚意中自抱桓嫠義門內添傳孝婦名雁臺獨宿亦時有烏哺代慈真不朽歲在敦牂海氛醜謝家烈婦死海口今之古人陳其偶君不見　聖朝近詔發幽光兩妹列傳應雙壽

余初歸里兼山表兄招飲賦謝　丁鶴

草堂深鏁舊烟蘿掃徑相邀二仲過入望秦關添莽蒼客

半

來燕市帶悲歌（時同席王緒思四兄將遊秦）奇文共賞惟憂盡美酒頻傾不畏冬只此一宵分聚散歸鴻去燕兩星河

過東山作　　丁鶴

不到東山又七年重來猶認舊林泉江空石出如迎客沙淺洲明漸近船絲竹聲銷剩淸梵娉婷人去冷飛烟不須慟哭西洲路只此空園已可憐

壽趙獻可先生七十次韻　　丁鶴

不見三年宿雨零舊交屈指若晨星△牛樓倚笛仍歸趙一鶴儕琴或姓丁南浦時看帆影白東山長愛石痕青鹿車

鳩杖耆英會人傑能教地亦靈

傷海患　丁鶴

已亥之秋八月朔聞說吾鄉颶風作海潮逆入壞隄防居民大半塡溝壑不料今年又告災七月十八風潮惡撼岳搖山動地來颶母陽侯相助虐東注滄濱十萬家廬舍田園盡漂泊不合生斯畫黽鄉滿路哭聲隨潮落我居在城幸獲免幾夜夢魂尚驚愕自亥至辰剛六年遭此凶祲抑何劇桑田滄海地無權木穰金飢天亦錯萬寶已爲白藏收千頃那得青疇涸多少農人費苦辛又勞　聖主求民

虞

湖溪三首　丁鶴

故里無冠蓋天寒念敝裘寸田皆祖德片石亦孫謀草屋霜先見蘆塘水不流重陽佳節近黃菊惜淹留

衰草開蟲徑清霜破雁天板橋低貼水茆舍遠含烟近市多籬落沿溪半石田牧童何自在牛背任橫眠

禾黍秋來少田疇水後殘歲凶兼有虎邑靜似無官短日催遲暮清霜戒早寒荒村無漏鼓彌覺夜漫漫

驛亭　丁鶴

此詩可載入輿地志驛亭下

泥濘百官渡逢人問驛亭湖連天際白山向雪中青帶濕衣偏重衝寒酒易醒十年來往路猶是舊飄零

虞趨行　陳墀

大巫壓小巫世情亦類是咄哉夫婦愚好巫貪冥祉諂鬼及求仙不如佞佛耳手中提念珠合十若駢指焚香非省過懺拜皆可恥白鏹與黃標灰冷費萬紙昔聞聖王教神道用驅使春秋伏臘外社廟無淫祀而今習俗移奸民代祝史乃避耕讀功旋充僧道士其口則阿彌其心乃蛇豕眾嫗會一堂草疏錄姓氏齋食恣意噉受謝盈橐止效尤

殆甚焉更誤佳子弟災祥惑妖書每緣巫蠱始循吏失嚴刑難將邪魄褫安得西門豹令彼入河死穆穆禹湖風湛湛舜江水惆悵慕前徽始甯本仁里新尹犄鳴琴絃歌賡樂只

蓋湖打魚歌　陳墀

鎮帘山前荻花渚福祈山後蒹葭浦山後山前秋水流艇子彎彎不知處漁家撒網兩槳飛小魚出水銀箭肥大魚雙雙鱗六六載魚將媚魚婦歸歸來賣向擣礁女恨殺煙波斷尺素蓋山斜抵錢塘渡放妾騎魚逐波去

冬至日諸生上鳳鳴山祈夢賦此解之　陳邁黔

我夢若未醒怪爾反求夢邯鄲枕上遊南柯穴裏鬨蕉鹿空勞攘蝸狗徒玩弄人生升與沉花落輕風送窮途別有天何事倡狂慟春風自東來江河郎解凍船行但聽帆馬逸應須鞚禍福自己求吉凶生乎動姑盡今朝事兩眼無曹曹孔子夢周公東山不鳴鳳

舟發小穴湖　章嵩秀

扁舟一葉開對景重徘徊瓦竈環湖畔邨煙聚岸隈波從林湧出山似水浮來此處風光好前途且漫猜

次韻和陳聲玉半隱草堂　唐九皋

幽棲無事買山居半畝池塘一草廬垂釣敢煩明主夢杜門不上茂陵書好花隔水塵氛遠野鳥窺籬竹影疏樂處難憑摩詰畫新詩寫就竟何如

見山樓讀魏仲遠先生遺書後　朱亦棟

斯文寥落到於今偶拾遺編仔細吟湖海不留名士氣風雲如見昔人心挂劒徐君猶有墓絶絃鍾子豈無琴我來欲索梅花笑雪滿空山何處尋

大風舟過始甯　葉封唐

寒雲吹散日光開灘急風高響似雷片席遠隨衆鳥去亂
山飛向一舟來遥憐紅樹倚茅屋坐看青天泛酒杯客路
年華同白水奔流到海幾曾回

大水　葉封唐

帝命驅海海欲飛神龍噓氣天抵圓雷公怒擊天門鼓電
光閃爍助厥威狂風吹山蛟啟蟄夜半忽乘雷雨出陸地
擢折山頭樹劈空裂破崖間石驚濤湧雪看如此未知何
事差堪擬單于千軍過漢關天山萬騎摩唐壘馮夷踏浪
立如人跋扈鯨魚掉其尾剡中人家水滿屋釜內遊魚波

浪𤀹昨日黄雲一片鋪正値郊原香稻熟而今汨没同芳杜水去天晴化作土田家傾淚助洪流未必江神識此苦江邊邨落最堪憐廬舍飄如失纜船幾家八口波濤死髑髏帶血沉深淵或留白髮一老父或留總角幾兒女傷心骨肉竟何在身雖幸存命如縷爭言此水天之變百歲老翁亦未見酒酣我欲賦此詩寒浪高低生鐵硯

登蘿巖山　王煦

筍將出北郊晴嵐飛遠翠長河抱古城二橋互縈帶迤邐度東皋溝塍紛刻繪取道從山椒草露浥雙屨贔屭入荆

此诗可載入山川大岙蘿巖山下

此詩并載山川篇蘭芎山下

榛磐陀踞當隘舍輿弗復乘徒步氣方鋭徑仄不容足二分垂在外虎路駕蝗橋股栗迷進退須臾上翠微倒景涵螺黛詰屈繞羊腸身輕覺魂墜境絶塗亦窮闃然覿古寺衲子釀新醪畦丁餘宿菜咄嗟不須時酩酊聊假寐夢聽喬與松圍棋騁彊對旁有采樵兒柯爛猶儓儗起視闃無人一枰兀千載寺後有大石如砥紋若棋枰土人謂即仙人賭墅呼爲棋盤石

遊蘭芎山　王煦

朝發始甯渠檥舟蘭芎麓翹翹上篃輿一肩兩竿竹迤邐抵山要平曠豁遊目須臾入岑岙蘭若半天矗祇園十百

區吽吒遙相續跏趺虎聽經團墮魚呼粥異花發嫣紅好鳥嘁濃綠昔聞葛仙翁鍊丹結茆屋劈石采紫英汲泉煮黃獨四面栽幽蘭頓成萬香谷嗟予生桑梓寤寐企芳躅爐火既已寒井泉又已涸美人去不還芳草空芬馥幸有董香光遺碑尚可讀山前有董其昌手書石碣縣志董其昌作趙孟頫

此詩可載入山川篇。金罍山下

遊金罍山

王煦

炎運百六交陽九旣水滅火赤符剖奄寺內訌黨錮興李杜當先范滂後伯陽魏子生不辰委身去害與鬼鄰會稽東南大都會上虞況復多偉人金罍之山小如礪行勝乍

憩蓬門閉搖頭瞑目手口疲冥心自著參同契書成未許肉眼看日月爲易傳史篇當時但作秘書讀誰識書中是大丹鍊丹須鍊火與水先生鍊在幱褫紙早知雞犬可升天悔煞蚩蚩兩弟子

唐七芸劬　聖賛司訓台府戲柬　　王　煦

五十年前凡研同龍疑黑蝦鼠疑鼷齧書只恐遺邱索驚蟄隨能挾雨風阮肇仙遊春過半陶潛醉臥日方中知君苜蓿餐應厭可憶家園九月菘

憶謝二弟孝廉嶌　　王　煦

春風聯轡上京華上苑仍開舊日花溟海初摶翮暫息孝廉初試禮闈甘州入拍鼓鷩撾予以大挑敢辭積石流沙遠叵籤掣甘肅奈行裝旅斧賒誰道千金遺一諾居然季布屬通家孝廉咄嗟辦四百金郎時就道

哭胡五弟作倫　王煦

桂折秋風露折蘭韶年遽爾厭塵寰披殘景福思平叔讀罷靈光悼子山已老金萱猶樹背初抽玉筍未成班撫棺一慟眞淒絶無事高言孔鑄顏

題王石友先生友石圖調寄金縷曲　王煦

猿鳥驚相覷覷先生獨來獨往獨行獨住塵外一雙巖電眼幽谷誰爲儔侶有絶妙金蘭新譜仙骨論交同落落喜點頭到處奇緣聚眞耐久足千古　平生雅癖人爭慕漫旁誇擬蘇銘味仿梅鐫乳十載靑囊流涕讀纔得靑山笑顧便卜個紅簫先墓從此芙蓉都識面慣飛觴舊雨聯今雨知己感石能語

愧我頑如許也蒙君三生契合感深磁琥信我先人多種德定遇庚泥吉土禁不住淚珠穿肚刮眼金鎞無處覓縱鐵鞵踏徧曾何補窀穸計隨雲霧　南方卑溼尤宜慮算

離了伊川五患尙需前箸那有萬家營冢願只願一坏安
固抱此意非公孰訴石丈人前煩介紹誓終身袍笏心香
炷牛馬走鮮民煦

送錢甥西來縣選拔北上　吳啟焆

北望水迢迢行人折柳條杏花寒食路春雨廣陵潮帆影
隨雲合鄉山入夢遙渭城歌未闋魂已黯然消
甥舅兼師弟情同骨肉親離亭欲分手別淚共沾巾餞子
無他贈長言爲爾陳京華冠蓋滿白眼莫看人
心迹化畦町文章奉典型張華堪作主劉向好傳經縞紵

通情素江山助性靈北行詩一卷計日發新硎
獻賦上燕臺天門訣蕩開新鶯刷毛羽芳樹選蓬萊自愛
千金體難量八斗才他年逢驛使遥寄隴頭梅

節烈婦謝陳氏　王登階

娥江水清清見底水激江潭石齒齒蓋山山色青童童萬
株松竹撑清空謝家有婦貞且淑骨立冰霜心似玉潤有
香芹園有栽上事姑嫜貧亦足郎君暮歸守蠹魚紡維得
錢還買書郎君朝出催征馬十年漂落燕京下聞道良人
化鶴歸摩笄山頭月巳寡可憐繞膝兒呱呱離魂怨魄撫

諸孤夜夜飢腸鳴欲絶閉門猶謝黔敖呼一朝海寇横肆
虜罵聲不絶抗刃斧直是南州南八兒世上古來無此女
紅顔一赴波湯湯繞指柔爲百鍊鋼胥濤壁立馮夷怒想
見貞靈此中聚夢中籌略建鹽堤海上人家安斥鹵當年
峻節狂瀾砥志士浩歌頑懦勵殁後功鐫道上碑煒煌祀
典千秋垂懷淸不讓曹娥廟頌德還如夏后祠遥望蓋山
令人慕麥飯雞豚陳廊廡白鳥翩翩何處來飛來只在冬
貞樹冬貞樹柯森森鳥聲慷慨鳴空林一聲一聲無古今
傳與民間女子心

節烈婦陳金氏　　王登階

虞鄉金氏女志與青天期出爲冀缺婦入爲鮑宣妻秋風吹蘭心寒月照蕙質里中狎少年不敢闚其室井臼躬自操饁餉良人耕布衣古時妝古釵髻邊橫談屑貧閨訓節義慷以慨學爲曹大家時哂延年妹譬諸太素絃譜以皇炎詞一彈一清越其風人可師狼烽沸海濫玉石焚崑山烈婦誓斷臂頸血污紅顔寇來一以威婦聲一以怒剸刃目不逃乃是丈夫婦魂魄委黃土弱質何骯髒化作英風飛來往蓋山上蓋山終不顇女心終不移木魅夜夜嘷魂

歸無處依土人緬塘工配祀夫人廟一首功德文崢嶸光海徼行客多唏噓徘徊石廊下大節亘人寰何論粉黛假能詩星梯子作歌淩蒼芎錄之於文獻揚之爲國風

覃邺婦絕命辭　頻年水旱人失其所此婦蓋從其夫乞食江上義不忍辱而以死自決者也嗟乎臨利害決去就乃能明白無疑若此士君子處無可如何之時依阿澳忍苟以自全視此婦何如耶惜傳之者不能詳其姓氏也

王登墉

朝發九龍山夕抵浦陽瀨人生有苦樂偃蹇斯爲最天道有沴祥適與厄運會亦能安困頓復此事顛沛百年終別離所悲非老大與君始結褵及此已三載感君意纏綿生

死相負戴君幸獲朝餐以餘還分饒白骨沙礫場往往勞
瘖瘵中道見棄捐沈痛空自懟念君正少年時淸倘可逮
征途重黽勉側足愁失墜而妾竟何爲蒙恥苟求媚十年
深自藏邂逅通謦欬冠蓋交馳間矧乃非吾類生無補於
君徒以重君累舜江日滔滔中有英皇淚是君還鄉路是
妾委身地自古重名義去去復何言君但歸湖西不負平
生恩臨江酹巵酒可以致精魂死者如有知從君下覃郵

橫山春曉　王登墉

坐愛橫山好春光入戶庭寒林明積雪幽澗淡疏星天遠

此詩可載入山川篇東山下

空江著煙來小市青半牕留曙色有客餉松扃

悼阮烈婦顧氏　賈鼎

皎皎牛女星千古成嘉耦結髮字君身相期至白首吁嗟命何衰中道喪其友未即從君去緣君有阿母撤我耳邊環脫我佩中玖但願姑加餐敢惜身所有姑也既云亡妾身爲誰守誰將冬嶺松認作章臺柳一朝沈痛死完璧眞無玷夜月逗空牀寒風吹破牖寄語鬚眉人貞心能似否

東山　胡樹本

太傅功名典午間蒼生安定脫簪還烏衣子弟紅裙妓要

算江南第一山

曹江　胡樹本

水勢錢唐競怒號想應流淚作波濤木蘭征戰緹縈獄爭似長江改姓曹

登夏蓋山頂　顧玘

取徑不嫌直惟山本欲高大風吹石動古木跕雲牢海國帆檣整沙田種作勞堯天真尺五隱隱奏仙璈

洗屐池山在東　顧玘

草色碧於染池光清復清著來幾兩屐留得古人名石墱

時驚鶴花繁欲問鶯炎天泉不竭卽此濟蒼生

秋晚渡娥江遇潮　王望霖

隔岸疏林落塞鴻扁舟飛渡夕陽中斷霞入水紅成錦高浪掀天白貫虹噴出波心千尺雪吹開雨脚一帆風此江終古名難滅廟食靈胥未許同

袁孝子翊元曹孝子二鳳暨錢孝女十一姑三人皆以救母死於火　王望霖

焦頭爛額無人形母死蠕蠕聞哀鳴踉蹌血性冒烈火三人相繼成賢名孝子一死長已矣巾幗猶知性命輕

遊蘭芎山福仙寺疊韻　王燕藻

芎嶺迢迢繞舜江叢篁萬个竹當窗丹泉仙子泓留一香火忠臣座配雙余擬移葛倪二公像松頂雲巢疑有鶴籬門夜靜不開尨東西眺罷塵緣斷太息勞勞估客艭

謁土城張公祠　謝聘

煙島流氛擾里民獨先單騎勇忘身忠魂此日應還晉公晉陽父老當時不苦秦敢報蒸嘗慙薄薦仰瞻祠宇願長春人年經二百昇平久猶仗靈威奠海濱

張公義僕　謝聘

難得臣忠僕亦忠身先衛主殄沙蟲夕陽風偃城頭草想見當年血濺紅

由章埠至魏村道中　謝聘

沙徑半縈紆籃輿傍曉趨溪聲疑雨驟村落入雲孤紅樹饒春色青山勝畫圖斯游良不薄抵得到蓬壺

鍾孝女詩　徐迪惠

娥江舜井古虞封清淑門延孝義鍾有明憲紀養中公方領矩步世堪風吾徐先進忠孝宗清芬歌咏表芳蹤至行今傳鍾女躬女年孱弱未成童上有嚴君初齋翁肇牽遠

服孝養豐無何積疾闢扃壅二豎膏肓不可攻尾閭禁過藥難通命在垂危一線中和緩束手巫術窮女何涕泣悲填胸恍惚若夢天牖衷救苦力竭逐臭傭愛親不惡腥與紅屏氣鯨吸江水空忽然錮疾奏奇功絕復蘇兮體漸充季女芳名播管彤翁今週甲覽揆逢女鬭霞漿樂意融一腔熱性感蒼穹從此椿萱眉壽崇寄語鄙夫甘吮癰辱身舐痔如玩豢等茹荼苦兮汙隆割股剖肝芳烈同猗歟季女永譽終祥雲錦護百樓峰百樓峰在鍾孝義門對面

劉生繼晨示其先忠公手草會南豐謚議卷中海輿胡君

跋謂行年四十九得見爲幸予今六十七矣不更大幸邪敬成七古一章坿諸鉅公後時咸豐辛酉春三月二十八日也

許正綬

維宋大儒曾南豐後議謚者劉考功一卷中有兩人傑曾曰文定劉曰忠易名勵世推鉅典苟非其人勿與選拘於資格故事行詞旨謬悠識力淺我公風骨素峻嶒純實不欺帝命承屢陳時政排時宰如朱絲繩玉壺冰此事太常稿先出朝廷覆覈綜名實公時供職在郎官何幸小臣得秉筆文章正統失昌言韓歐屹然龍門尊李蘇並深知遇

感布肇亦邀優獎恩胡爲獨抱遺珠歎得册官小嗟閒散盱江人士貢口碑南豐歿後百六十年盱江諸生請謚於朝一再闡揚尤侃侃我聞朱子盛稱曾公賢又聞與公爲同年正氣扶持善類應猶可支撑半壁天紫陽僞學禁勿用召公入臺頗鄭重權奸毒手入云亡煌煌奏疏留傳誦是篇醖厚似韓歐書法亦與魯公侔盡付手民摹上石爭坐位帖共千秋羣公題跋皆偉迹名埒青雲光簡策勖哉劉氏賢子孫瓣香永奉先公澤

自五松書屋夜歸　車林

野曠星垂闊微茫覓路還鬼燈紅出墓村樹黑疑山亂柝

荒城外危橋漫水間納涼人未散語笑滿柴關

瓦屑壩舟曉　車林

睡覺天微白呼僮起煮茶曉星帶楊柳春水沒蝦蟆渡尙

傳麾扇人初叫賣花臨流誰氏院釵釧響窗紗

尋仙姑洞晚憩途中　宋璇

如此溪山好青鞋晚倦尋漁歌秋水岸人影夕陽林木禿

村容瘦雲深雁背沉茅菴在何處縹緲梵鐘音

舜江曉發　宋璇

鵲噪天初曉沿江颶風客舲波聲流斷夢魚脊動殘星風影
含蘋綠雲根觸石青新詩吟不得恐惱臥龍聽

登蘿巖誌感　宋璇

到眼皆詩景行吟幽興催山攔歸鳥住僧帶斷霞來落日
樵蘇返秋風鼓角哀東南正多事愧乏濟時才

錢蓉塘訂余村居喜而有作　調寄百字令　徐虔復

風塵如此問小山叢桂幾人留客卻喜錢郎招我隱共築
雲林石室秋雨攜筇春山載鍤對荷先生笠巖扉松徑白
雲相伴清寂　自歎襞鄂弓刀金張袍綬壯志都銷歇好

覓溪山深處住相伍樵兄漁伯稚子攤書山妻釀酒料理
閒中業江村人靜窺門惟有新月

嶺香弟歸上虞作此贈之　調寄百字令　徐虞復

西風歲暮悵故園兄弟更難爲別寂寞草堂聞雁語酒熨
愁腸都熱馬磨功名牛衣身世淚灑英雄血狂歌舒憤唾
壺擊碎紅缺　疇昔白袷風流烏衣子弟意氣同豪絶今
日無能悲老大說甚封胡羯末北郭長貧東方苦餓潦倒
何人惜離情誰證鑑湖千頃明月

○遊蘿巖清隱菴　錢世叙

此條可刪入寺觀門清隱庵下

杪秋雨初霽著屐上層巔竹密疑無路峯高別有天日篩
花影碎風裏磬聲圓幽語未曾歇蒼然起暮烟

舜江晚渡　王琖

夾岸青山江水肥渡頭暝色上征衣春潮暗落海門遠涼
雨初來津樹微柔櫓一聲驚雁過短篷三尺逐鷗飛半邊
紅處炊煙外指點靈祠孝女扉

此詩可刪入山川門峨眉山下

峨眉初月在百官 峨眉山　王琖

淡淡銀河夜氣清峨眉峯頂月華生雲開鴉嘴石稜瘦 山頂
有石名
老鴉嘴 影落龍潭泉竇鳴樓閣萬家簾盡上江天千里笛

此首可刪

初橫面山郤有蝸牛舍閒坐東窗倒酒罌

湖東別墅　宋　杰

西風吹雨霽天氣爽如秋雲起不離樹花飛都滿樓劇談烹苦茗對景發清謳門外一渠水閒情共白鷗

邨莊雜記　宋　杰

新晴雨霽綠盈隄高阪低田豆麥齊驅犢出門天未曉山頭月落勃姑嗁

年年穀雨摘新茶纔了蠶桑又績麻十月牀頭吟蟋蟀一燈齊紡木棉花

閨秀方外兩種詩均可刪

哭錢蓉塘　　宋　烋

聞道形勞案牘餘衙齋無日得安舒來書云閩中宦況如壚火坑囘念家鄉與諸同好酒賦琴歌不復得矣一官畢竟非君意兩月前猶寄我書身陷沙場餘戰骨遇害時其僕見之越日僕以瓦礫木石掩其屍次年覓屍載歸予爲蓉塘卜其兆葬蘿巖山下魂歸故里亦荒墟舊廬邑東門外辛酉之亂盡被燒燬寒窗珍重藏遺槀幸不叢殘飽蠹魚諸著述隨帶閩中惟古文子手錄數篇尚存

。閨秀

車騎山　　晉　謝道韞

峩峩東嶽高秀極沖青天巖中間虛宇寂寞幽以□非工

復非匣雲溝發自然氣象爾何物遂令我屢遷逝將宅斯宇可以盡天年

山莊示玉卺　國朝　徐安吉

君志能高蹈荆寒亦解顔豈同盟白水願共買青山異鳥嘗窺户高人自掩關呼雲溪亦應好共賦潺湲

爲老父召試擣藥寄京　徐昭華

江北望迢迢丹成寄去遥長安仌已凍仙掌露堪調

己卯秋送琳兒分校汴闈　張淑蓮

聖代金門闢詞臣玉尺懸勉兒分校閲爲國選才賢華

實收須廣醞奇取莫偏應知寒士苦燈火望三年

感亡妹小珍　　宋彩華

林梢月落夜三更獨坐空庭百感生風天海棠春不管可憐費盡杜鵑聲

題乾坤一擔圖　　潘正淑

名利從來難兩全腰纏騎鶴幾人然世間珍寶搜羅盡也要兒孫肯替肩

。方外

國朝　智輝

樂天齋爲俞木題

鬧市有閒居悠然意自如日華屏麗景風韻案飜書隔岸荷香繞前林樹色餘樂天知足者心共古人舒

題朱孝子廬墓記　夢覺

天倫自古重親親生事何如死事眞力建危橋完父志暗償遺債恤兄貧蚊飛宿草雷盈耳蟒避深山穴固身念我劬勞無補報空門回首淚沾巾

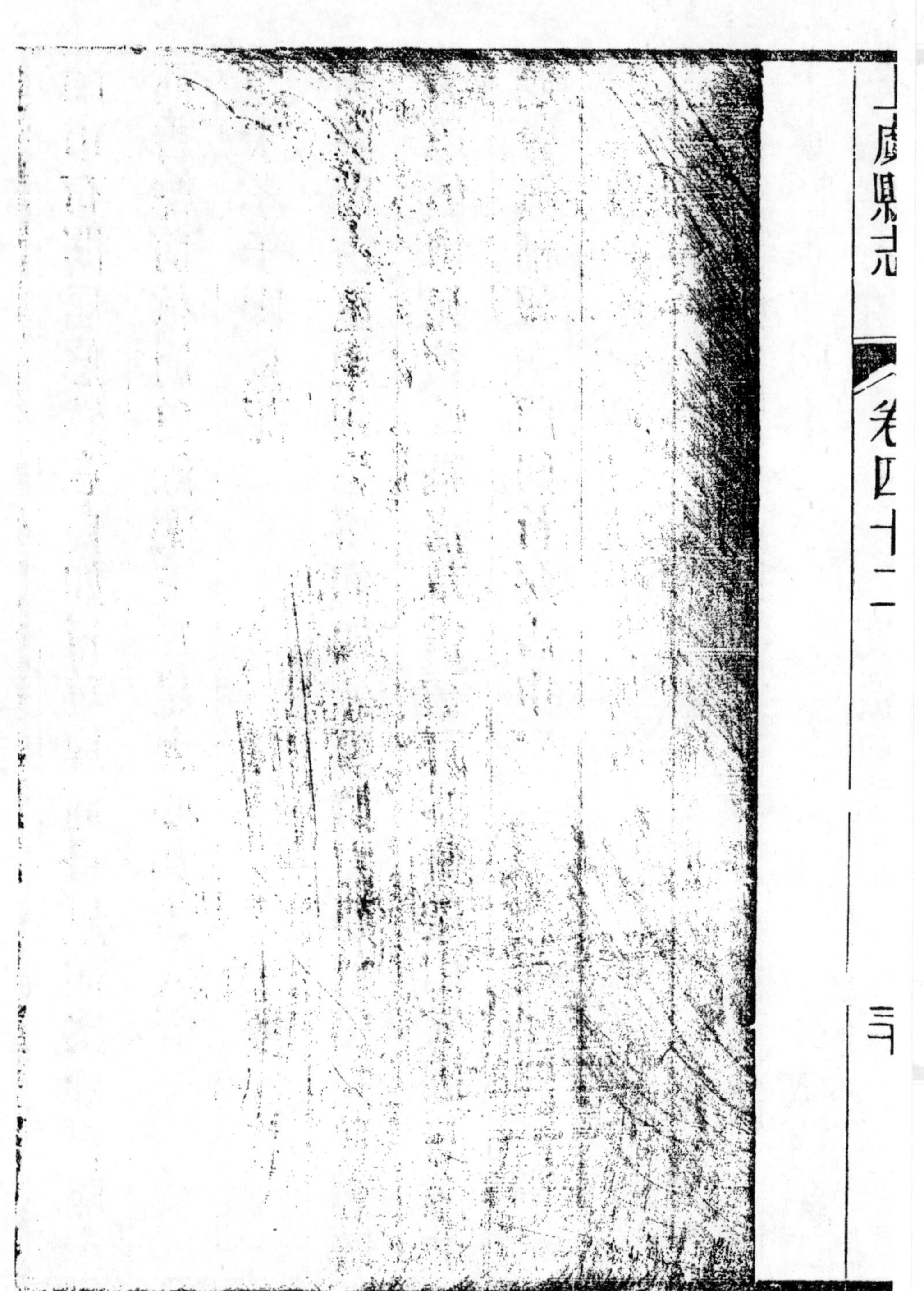
上虞縣志
卷四十二